# Die Österreichische Romantikstraße

Klaus-André Eickhoff

# Die Österreichische Romantikstraße

## Ein Kulturreiseführer von Salzburg nach Wien

SCHNELL + STEINER

Dieses Buch wurde in Zusammenarbeit mit der ARGE „Die Österreichische Romantikstraße" produziert. Autor und Verlag danken den freundlichen und bemühten Mitarbeitern aller Verkehrsbüros, Kurdirektionen und Tourismusverbände.

Abbildung auf der vorderen Umschlagseite: Traunkirchen mit Traunstein
(Foto: Kurt-Michael Westermann)

Abbildung auf dem Frontispiz: Die Goisererhütte – beliebtes Wanderziel im oberösterreichischen Salzkammergut

Abbildung auf der rückwärtigen Umschlagseite: Romantisches Mondseeland

Übersichtskarte in den Umschlagklappen: © by Schubert & Franzke, St. Pölten 2000

Bildnachweis:
Die Abbildungsvorlagen stellten dankenswerterweise die jeweiligen Tourismusverbände zu Verfügung.
Abb. S. 117, 118, 119, 122, 133 – Thomas Theise/Regensburg; Abb. S. 142 – TV Krems; Abb. S. 145, 147 – Stiftsarchiv Göttweig; Abb. S. 92 – Erwin Voglsam/Enns; Abb. S. 97 – Stadtgemeinde Enns

Die Deutsche Bibliothek – CIP-Einheitsaufnahme

Eickhoff, Klaus-André:
Die Österreichische Romantikstraße : ein Kulturreiseführer von Salzburg nach Wien / Klaus-André Eickhoff. (In Zusammenarb. mit der ARGE „Die Österreichische Romantikstraße" produziert). –
1. Aufl.. – Regensburg : Schnell und Steiner, 2001
ISBN 3-7954-1393-1

1. Auflage 2001

Leibnizstraße 13, D-93055 Regensburg
Satz, Lithoherstellung: Visuelle Medientechnik GmbH, Regensburg
Druck: Erhardi Druck GmbH, Regensburg
Printed in Germany – ISBN 3-7954-1393-1

# Inhalt

# Zum Geleit

Liebe Leserinnen und Leser!

Die Österreichische Romantikstraße führt Sie zwischen Salzburg und Wien zu den schönsten Landschaften des Salzkammerguts, des Alpenvorlandes und der Wachau, vorbei an 28 besonders sehenswerten Orten. Egal ob Sie vom Anfang bis zum Ende – also von Salzburg nach Wien oder umgekehrt von Wien bis Salzburg – diese 380 Kilometer lange Route bereisen oder ob Sie als Quereinsteiger nur ein Teilstück befahren, Sie werden sehen, dass Sie die richtige Wahl getroffen haben.

Vor mehr als zehn Jahren haben wir uns entschlossen, der Straße, die seit Jahrhunderten als Handelsweg genutzt wird, einen klingenden Beinamen zu geben. Die „Österreichische Romantikstraße“ ist also keine Erfindung unserer Tage, sondern gleichsam die Neuentdeckung einer Straße, die bereits von Römern und Kelten frequentiert wurde.

Auf der Reise von Salzburg nach Wien stoßen wir immer wieder auf die ersten Reisenden dieser Route. Auf die Römer zum Beispiel, die manchenorts Lager errichteten und Städten wie Wels oder Enns ihre Namen gaben. Benediktiner und Augustiner ließen sich an wichtigen und markanten Punkten nieder und gründeten dort ihre Klöster, wo sie Gott und der Wissenschaft dienten und ihrer Macht durch großartige Bauten Ausdruck verliehen. Die Herrschergeschlechter der Babenberger und Habsburger reisten entlang der Romantikstraße und brachten den Wohlstand in so manches beschauliche Dorf. Kaiser und Könige hatten in den malerischen Orten entlang der Donau und im romantischen Salzkammergut Sommerresidenzen.

Nehmen Sie sich Zeit, besuchen Sie die 28 Orte und genießen Sie die landschaftlichen Schönheiten, die zahlreichen Burgen und Schlösser, die barocken Stifte und Klöster, die meist herrschaftlich auf Felsen thronen.

Familiär geführte Gastbetriebe und hervorragende Hotels laden entlang der Route zum Verweilen ein. Das gut sortierte Angebot in den Boutiquen und Geschäften, die unterschiedlichen Sport- und Freizeitmöglichkeiten machen einen Besuch zu einem unvergesslichen Erlebnis. Es wird bestimmt keine Langeweile aufkommen.

Denkmäler, Burgen und Schlösser, Klöster, malerische Altstädte, Weinberge, die Donau, die Wachau, das Salzkammergut ... – all das soll Ihnen als unvergessliches Erlebnis in Erinnerung bleiben. Kurzum, „erfahren“ Sie die österreichische Romantikstraße und beantworten Sie für sich selbst, warum wir gerade diesen Namen für die Route gewählt haben.

Als Geschäftsführer der Arbeitsgemeinschaft „Die Österreichische Romantikstraße“ wünsche ich Ihnen einen schönen Aufenthalt entlang der Route. Genießen Sie Ihre Reise und nehmen Sie viele eindruckvolle Erlebnisse mit nach Hause. Ich hoffe Sie besuchen uns bald wieder!

Ihr *Wolfgang Neubaur*

Im Februar 2001

Die Gemeinde Mondsee am gleichnamigen See

# Mondsee

Das Mondseeland. Schon der Name klingt wie ein märchenhaftes Paradies. Nicht wenig davon hat es tatsächlich, das Mondseeland, das die Gebiete rund um den Mondsee und den Irrsee - oder Zellersee - umfasst. Nur 27 Kilometer von der Festspielstadt Salzburg entfernt, eröffnet sich hier dem Besucher ein unerwartetes Schatzkästchen, in dem sich 5000 Jahre Mondseegeschichte auf speziellen Kulturwegen entdecken lassen. Das ist vor allem Dr. Matthäus Much zu verdanken, denn er entdeckte 1872 und 1874 im ufernahen Bereich des Mondsees ehemalige Landsiedlungen, die als Reste einer Pfahlbaukultur gedeutet wurden. Jungsteinzeitliche Töpferei und Werkzeuge aus Stein und Knochen umfassten seinen Fund. Die Wissenschaft prägte für die Pfahlbaukultur gar den Namen „Mondseekultur" nach der Hauptfundstätte am Mondsee. So ist auch das Museum Mondsee das zentrale Pfahlbaumuseum Österreichs. Im selben Haus wie das Heimatmuseum ist es direkt neben der Pfarrkirche von Mondsee eingerichtet.

748 gründete der Bayernherzog Odilo II. das Kloster Mondsee, das fortan die Landschaft in geistig-kultureller als auch in wirtschaftlicher Hinsicht formte. Die Klosterkultur schuf über mehrere Jahrhunderte beeindruckende Kunstwerke, von denen der Tassilopsalter (788), Österreichs ältestes vollständig erhaltenes Buch, und der Mondseer Matthäus (800), die älteste deutsche Bibelübersetzung, zu den bedeutendsten zählen.

Einen prägenden Eindruck hinterlässt der Marktplatz mit seinen schönen, bunten Bürgerhäusern, der von der Stiftskirche zum hl. Michael dominiert wird. Für deren reichhaltige Ausstattung ist vor allem der große Barockbildhauer Meinrad Guggenbichler verantwortlich, der in Mondsee 44 Jahre seines Lebens verbracht und gewirkt hat (1679–1723).

Heute ist der Mondsee ein beliebtes Urlaubsgebiet für zahlreiche internationale Gäste. Als wärmster Salzkammergutsee (bis 26 °C) beheimatet er die größte Surf- und Segelschule des deutschsprachigen Raums. Rund ums Wasser deckt der Mondsee so gut wie alle Sportarten ab, aber auch Golfer, Wanderer, Radfahrer und Reiter kommen auf ihre Rechnung. Lang ist auch die Liste der kulturellen Veranstaltungen in Mondsee. Allem voran steht der Mondseer Jedermann, die Dialektfassung des Salzburger Jedermann. Sie wird im Juli und August auf der Freilichtbühne neben der Kirche gespielt. Die Mondseetage bieten erlesene Kammermusik, verbunden mit Literatur, und finden alljährlich Anfang September statt.

Die Mondseer Gastronomie ist äußerst vielfältig und teilweise international ausgezeichnet. In anerkannten Feinschmeckerführern werden einige Mondseer Köche genannt. Kulinarisches hat hier von jeher Tradition, denn der Mondseer Käse, der nach einem alten Klosterrezept hergestellt wird, war schon Anfang des 19. Jahrhunderts Teil des wirtschaftlichen Aufschwungs der Gemeinde.

## Geschichte

etwa 2800–1800 v. Chr. „Pfahlbaukultur", später „Mondseekultur" genannt

748 n. Chr. Bayernherzog Odilo II. gründet das Benediktinerkloster (Kloster Mondsee)

788 Der „Tassilopsalter" entsteht (ältestes vollständig erhaltenes Buch, das in Österreich geschrieben wurde)

800 Entstehung des „Mondseer Matthäus" (älteste deutsche Bibelübersetzung)

831–1106 Mondsee im Besitz der Regensburger Bischöfe. Als Bischof von Regensburg wird auch der hl. Wolfgang (s. Wolfgangsee) Herr von Mondsee.

### Mondseer Einbaum

Nahe der Uferpromenade ist ein roh behauener Einbaum aufgestellt. Im Freilichtmuseum Mondseer Rauchhaus ist zusätzlich ein fertiger zu sehen.
„Der Mondsee ist der letzte See in Österreich, wo sich der Einbaum bis in unsere Tage erhalten hat. Sein Herstellen erfolgte nach uralten überlieferten Arbeitsweisen und mit speziellem Werkzeug. Als Schiffbäume wurden Tannen verwendet. Es handelte sich um Baumriesen mit einer Höhe von 45–53 Metern und einem Alter von 200–250 Jahren. Der Mondseer Einbaum hat eine Länge von 36 Schuh, das sind etwas über 11 Meter. [...] Das Herausschleifen aus dem Wald erfolgte durch Ochsen oder Pferde. Der Abschluss der Arbeit im Wald und das Fahren zum See waren mit fröhlichem Brauch verbunden und bis in die Nacht hinein feierte man das Ereignis. Am anderen Tag folgte das Versenken des roh behauenen Einbaumes an einer ufernahen Stelle von ungefähr 2 Meter Tiefe mit Hilfe von Steinen. [...]" (Aus der Inschrift des Einbaums nahe der Uferpromenade)

1506 Nach rund 750 Jahren Zugehörigkeit zu Bayern erwirbt Kaiser Maximilian I. das Mondseeland für Österreich.

1679–1723 lebt und wirkt der große Barockbildhauer Meinrad Guggenbichler in Mondsee. Fast alle Kirchen des Mondseelandes sind mit seinen Werken bestückt.

1748 Tausendjahrfeier des Klosters unter Abt Bernhard Lidl

### „Schwarzindien"

Mitten in der Gemeinde St. Lorenz, zwei Kilometer von der Marktgemeinde Mondsee entfernt, befindet sich das Siedlungsgebiet Schwarzindien. Seine Namensgeber waren vor 120 Jahren die Kinder der sommerfrischenden Gäste. Sie hatten das andere Seeufer, abseits des ehrwürdigen Kurbades in Mondsee, als ihren Badeplatz erkoren. Sonnengebräunt kamen sie allabendlich aus dem damaligen Auwaldgebiet zurück, was ihnen ihren Namen „Schwarzindianer" einbrachte.

1774 großer Marktbrand, fast der gesamte Ort in Schutt und Asche gelegt

1791 Aufhebung des Klosters unter Kaiser Leopold II.

1810 Napoleon verleiht dem bayerischen Feldmarschall Karl Philipp von Wrede die Herrschaft Mondsee.

Anfang 19. Jh. wirtschaftlicher Aufschwung, u.a. durch die Erzeugung des Mondseer Käses.

1872 und 1874 Dr. Matthäus Much entdeckt im ufernahen Bereich des Mondsees Reste von Siedlungen (Pfahlbaukultur).

Ende 19. Jh. Tourismus gewinnt an wirtschaftlicher Bedeutung

1994 modernes Kultur- und Veranstaltungszentrum im ehemaligen Kloster Schloss Mondsee eröffnet

Der Mondseer Marktplatz mit Bürgerhäusern

Region: Salzkammergut
Einwohner: 3000
Seehöhe: 481 m

Tourismusverband Mondsee
Dr. Franz Müller Straße 3
A – 5310 Mondsee
Tel.: +43 (0) 62 32-22 70, 42 70
Fax: +43 (0)62 32-44 70
e-mail: info@mondsee.org
Internet: www.mondsee.org

## ➤ Anfahrt

Mondsee befindet sich 27 km östlich von Salzburg; direkte Ausfahrt der Westautobahn (A1).

## Besonders sehenswert

**Stiftskirche zum hl. Michael** mit reicher Barock-Ausstattung, „Sound of Music-Church“; täglich geöffnet

**Pfahlbau- und Heimatmuseum:** Pfahlbaukultur, Klostergeschichte; Öffnungszeiten: 1. Mai–10. September täglich außer Mo 10–18.00 Uhr, 12. September–8. Oktober täglich außer Mo 10–17.00 Uhr, 14.–29.10. Sa, So, Feiertag 10–17.00 Uhr

**Marktplatz Mondsee,** sehenswerte Bürgerhäuser

**Kaianlage Mondsee,** Abfahrts- und Ankunftsstege für Ausflugsschifffahrt

## Feste

Mitte Juli–Mitte August jeden Samstag (außer erster im August): Mondseer Jedermann

1. Augustwochenende: Seefest Mondsee
1. Septemberwoche: Mondseetage
3. Sonntag im September: Bauernkirtag

Pfarrkirche zum hl. Michael

## Sommersport

Golf, Radfahren, Reiten, Schwimmen, Segeln, Surfen, Tennis, Wandern
Ende Mai: Mondseer 5-Seen-Radmarathon
Anfang Juni: Mondsee-Lauf
Ende August: Mondseeland-Triathlon

## Wintersport

Eislaufen auf den zugefrorenen Seen, Eisstockschießen, Langlaufen, Schifahren (kleine Schilifte für alpinen Schilauf)

## Kulinarisches

Mondseer Käse, Heumondkäse, Holzofenbrot; Mondsee-Fische; spezielle Mondseelandprodukte: Honig, Schnaps, Käse, Mondtaler, Frauenschuhstollen

## ➤ Weiterfahrt

Mondsee–St. Gilgen am Wolfgangsee: 14 km; entlang des Mondsee-Westufers auf der B 154, vorbei an „Schwarzindien" und St. Lorenz über die Scharflinger Höhe, links liegt der Krothensee.
St. Gilgen–St. Wolfgang: 19 km; auf der B 158 entlang des Wolfgangsee-Südufers; Beschilderung Strobl-St. Wolfgang.

# WOLFGANGSEE St. Gilgen – Strobl – St. Wolfgang

Er muss ein guter Werfer gewesen sein, der hl. Wolfgang. Die Legende sagt, der Regensburger Bischof habe vom Falkenstein aus seine Axt – das „Wolfgangihackerl", mit dem er dargestellt wird – geworfen, um dort, wo sie landen würde, die erste Kirche am Wolfgangsee zu bauen. Wobei dieser – wir schreiben das Jahr 976 – freilich noch nicht Wolfgangsee, sondern Abersee hieß, bevor ihn der Volksmund nach dem Regensburger Bischof nannte. Vom Falkenstein aus – hierher hatte sich Wolfgang vom Mondseer Kloster aus in die Einsiedelei abgesetzt – sind es allerdings etliche hundert Meter bis ins Ortszentrum von St. Wolfgang. So ganz mit rechten Dingen konnte es bei diesem Wurf also nicht zugegangen sein.

Aber schließlich sagt man dem hl. Wolfgang so manche wundersame Tat nach. In den folgenden Jahrhunderten pilgerten die Gläubigen in Strömen auf den Falkenstein, um sich von ihrer Sündenlast oder von körperlichen Gebrechen befreien zu lassen. Oft schleppten sie – als Zeichen der Buße – beim Aufstieg schwere Steine mit, was die Herkunft der großen Steinhaufen auf dem Falkenstein erklärt. Eine Wasserquelle am Falkenstein soll auch heute noch Augenleiden lindern. Skeptischer wird der Falkenstein-Besteiger unserer Tage bei dem in Aussicht gestellten Erfolg an einer weiteren Pilgerstelle, dem „Jungfernstein". Hier hält sich die Legende, dass eine Jungfrau, die um diesen Stein geht, innerhalb eines Jahres einen Mann bekommt. Nicht weniger kurios: Viele Pilger kauften von einem St. Wolfganger Wachszieher jene Körperteile als Wachsmodell, an denen sie Gebrechen hatten. Die nachgeformten Wachsfüße, -hände, -augen, auch -eierstöcke und -hoden sollten dem Heiligen anschaulich mitteilen, an welchem Körperteil des Pilgers Heilung benötigt wurde. Die kleinen Modelle waren ein gutes Geschäft für den Wachszieher. Einige seiner Kunstwerke sind heute im Turmmuseum der Pfarrkirche ausgestellt.

Die Pfarrkirche in St. Wolfgang beherbergt nicht nur den Flügelaltar des bekannten Holzbildhauers und Malers Michael Pacher (um1430/35–1498), der 1481 nach 10-jähriger Bauzeit aufgestellt wurde. Thomas Schwanthaler (1634–1707) schuf 1676 einen barocken Doppelaltar, der ursprünglich den Altar Pachers ersetzen sollte. Schwanthaler selbst aber bestand darauf, das Werk Pachers unangetastet zu lassen und seinen eigenen Altar in die zweite Reihe zurück zu versetzen. So sind heute beide Kunstwerke in der Pfarrkirche zu bewundern, zudem noch die Kanzel von Meinrad Guggenbichler (1649–1723).

Wolfgangsee ... da war doch noch etwas?! Natürlich, das „Weisse Rössl". Die weltberühmte Operette aus der Feder von Robert Stolz und Ralf Benatzky wurde 1930 uraufgeführt; ihren Schöpfern ist an der Seepromenade ein Denkmal gewidmet. Das Singspiel, an dem sich schon ganze Generationen von Darstellern, Regisseuren und Filmemachern versucht haben, wird hier am Originalschauplatz mehrmals im Jahr aufgeführt.

◄ Wolfgangsee im Salzkammergut

Drei Orte und zwei Bundesländer haben Anteil am Wolfgangsee. St. Gilgen und Strobl liegen im Salzburger Land, St. Wolfgang in Oberösterreich. Die Streitigkeiten darüber, wem nun was am und rund um den Wolfgangsee gehört, gehören jedoch der Geschichte an. Das Ende der so genannten Seidenfadengrenze, einer imaginären Linie zwischen Strobl und St. Wolfgang, die die beiden Bundesländer streng voneinander trennte, ist 1998 sogar durch einen offiziellen Festakt besiegelt worden.

St. Gilgen, der erste Ort, den man von Mondsee aus erreicht, wird auch das Mozartdorf vom Wolfgangsee genannt. Am 25. Dezember 1720 wurde hier Mozarts Mutter geboren, Anna Maria Walburga Pertl. Ihr Geburtshaus ist das heutige Bezirksgericht. An der Straßenseite des Gebäudes befindet sich ein Doppelrelief vom Bildhauer Jakob Gruber (1906 enthüllt), das die Mutter mit Tochter „Nannerl" darstellt. Mozarts geliebte Schwester heiratete 1784 in die Heimatgemeinde ihrer Mutter zurück und lebte bis zum Tod ihres Mannes im Jahre 1801 in St. Gilgen. Prominente Gäste sind bis heute keine Seltenheit in dem einwohnerreichsten Ort am Wolfgangsee, allen voran Deutschlands Ex-Bundeskanzler Helmut Kohl. Die Segler und Surfer erfreuen sich hier der besten und beständigsten Winde am See.

In den 1950er Jahren weigerten sich die Bauern, ihre Grundstücke direkt am See zu verkaufen. Heute ist man froh über das unbebaute Südufer, an dem entlang die Österreichische Romantikstraße nach Strobl führt. Strobl ist der kleinere Ort am Wolfgangsee, der jedoch mit den schönsten Naturbadestränden aufwartet. Das Postalmgebiet ist mit rund 40 $km^2$ das größte Hochplateau Österreichs, im Sommer ein Paradies für Wanderer, im Winter sind auf der Postalm neun Schilifte in Betrieb und zahlreiche Langlaufloipen gespurt.

Stimmungsvoller Wolfgangsee im Salzkammergut

## Geschichte

### St. Gilgen

790 erste Erwähnung des Ortes, am „Abriani lacus“ gelegen (Abersee, später: Wolfgangsee)

um 1300 Pfarrkirche St. Aegydius wird erbaut, gotisches Kirchlein mit spitzem Turm

1376 Der Ort wird nach dem Ortspatron Aegydius St.Gilgen genannt.

1609 Das Hochzeitskreuz, sagenumwobenes Denkmal nahe der Ochseninsel, wird errichtet.

1720 Mozarts Mutter, Anna Maria Walburga Pertl, im erzbischöflichen Pfleggericht geboren

1767 Pfarrkirche wird vollkommen renoviert

1784 Mozarts Schwester „Nannerl“ heiratet den hiesigen Pfleger Joh. Bapt. Berchtold von Sonnenburg und lebt bis zum Tode ihres Mannes (1801) im Ort.

1899 Innenrestaurierung der Pfarrkirche im Rokokostil

#### „Strubbeliger Mann"

Das Wort Strobl bedeutet Überlieferungen zufolge nichts anderes als „Strubbeliger Mann". Es taucht in der Strobl-Geschichte schon in Aufzeichnungen aus dem 14. Jahrhundert auf. Da wird von einem gewissen Friedrich Stroblo als erstem Inhaber einer „Seege" (Fischereiaufsicht) berichtet. Der „Strubbelige Mann" schmückt heute noch das Wappen der Gemeinde Strobl. Vom Namen selbst gibt es – vor allem in Süddeutschland – die verschiedensten Abwandlungen wie Straub, Strübel oder Ströbele. Der wohl bekannteste Vertreter der Namensfamilie „Strobl" ist sicherlich der „Struwelpeter".

#### Gschwendt und Gschwandt = Abersee

Um Namen wurde rund um den Wolfgangsee seit jeher gestritten. Nicht nur die Bezeichnung Wolfgangsee hat sich gegen den ursprünglichen Namen Abersee durchgesetzt, auch Strobl hat seinen Namen erst durch den Volksmund erhalten, sonst hieße der Ort heute St. Sigismund. Damit nicht genug: Auch die Aberseer gibt es heute noch, denn die Ortsteile Gschwendt (Strobl) und Gschwandt (St. Gilgen) bilden zusammen das Gebiet Abersee. Offiziell gibt es zwar keine Gemeinde Abersee, dennoch haben die Bewohner hier ihre eigene Kirche, eine eigene Feuerwehr und vor allem eine eigene Aberseer Fußballmannschaft, für die es keinen größeren Triumph als einen Sieg gegen die Strobler geben kann ...

### Strobl

739 Die Kirche von Salzburg erhält Teile des Aberseerlandes

14. Jh. Aus dem „Gut am Schober“ – Stützpunkt für das aus der Steiermark weiter über den See zu verschiffende Eisen – und einer Taverne entwickelt sich die Siedlung am Ostufer. Diese Einrichtungen wurden 150 Jahre lang von der wohlhabenden Familie Strobl verwaltet, die der Siedlung den Namen gab.

1760 Pfarrkirche St. Sigismund erbaut

um 1900 bereits bekannter Fremdenverkehrsort

**St. Wolfgang**

976 Der hl. Wolfgang, Bischof von Regensburg, zieht sich nach Mondsee und zum (kaum zugänglichen) Abersee zurück. Hier gründet er die erste Kirche am Nordufer des Abersees, später nach ihm Wolfgangsee genannt.

1183 Die Kirche wird Wallfahrtskirche des Klosters Mondsee

1416 Gründung des Klosters St. Wolfgang

1429 Großbrand vernichtet den ganzen Ort

1430 Kaiser Sigismund verleiht St. Wolfgang das Marktrecht; neuer Aufschwung

1460 Pfarrkirche St. Wolfgang wird fertig gestellt; St. Wolfgang zählt nach Rom, Aachen und Einsiedel zu den wichtigsten Wallfahrtsorten der Welt

1481 Flügelaltar von Michael Pacher wird in der Pfarrkirche aufgestellt

1676 barocker Doppelaltar von Thomas Schwanthaler in der Pfarrkirche

Mitte 19. Jh. St. Wolfgang profitiert von der Ischler Sommerresidenz Kaiser Franz Josephs, wirtschaftlicher Aufschwung

1873 Beginn der Wolfgangsee-Schifffahrt

1893 Zahnradbahn auf den Schafberg

1930 Uraufführung der Operette „Im Weissen Rössl" in Berlin

1997 Eröffnung des Michael-Pacher-Hauses

1998 Neubau des größten Hotels am Wolfgangsee: Schloss am Wolfgangsee

1998 Gründung der Wolfgangsee Tourismus Gesellschaft

Region: Salzkammergut
Einwohner: St. Wolfgang 2762, St. Gilgen 3706, Strobl 3200
Seehöhe: St. Wolfgang 548 m, St. Gilgen 542 m, Strobl 542 m

Kurdirektion St. Wolfgang
Au 140
A – 5360 St. Wolfgang
Tel.: +43 (0)6138 2239
Fax: +43 (0)6138 2239-81
e-mail: info@stwolfgang.gv.at
Internet: www.wolfgangsee.at

## Besonders sehenswert:

**St. Gilgen**

**St. Gilgener Heimatkundliches Museum;** geöffnet Juni–September, Di–So 10–12.00 Uhr und 14–18.00 Uhr

**Mozart Gedenkstätte,** Geburtshaus der Mutter Mozarts; geöffnet Juni–September, Di–So 10–12.00 Uhr und 14–18.00 Uhr

**MIM Musikinstrumenten Museum der Völker;** geöffnet Juni–Mitte Oktober, Di–So 9–11.00 Uhr und 15–19.00 Uhr, Mitte Oktober–31. März leicht geänderte Öffnungszeiten

**Strobl**

**Aberseer Heimathaus**
geöffnet Juni–September, Di und Do 14–17.00 Uhr, Sa 16–18.00 Uhr, So und Feiertage 10–12.00 Uhr, November–April gegen Anmeldung

**„Laimeralm",** originale Almhütte aus dem 17. Jahrhundert; täglich geöffnet von Mai–Mitte Oktober

**Sommerrodelbahn;** in Betrieb Ostern–Ende Oktober (bei gutem Wetter)

**Wildpark „Kleefeld";** geöffnet März–26. Oktober (Eintritt frei)

St. Wolfgang

Pfarrkirche mit Pacher-Altar, Schwanthaler-Altar und Guggenbichler-Altären; geöffnet 1. Mai–30. Oktober täglich von 9–18.00 Uhr, 1. November–30. April, täglich von 9–16.00 Uhr

Turmmuseum in der Pfarrkirche; geöffnet 1. Mai–30. September, Di–Fr 14–16.00 Uhr

gotischer Pilgerbrunnen von 1515

Puppenmuseum; täglich geöffnet von 10–12.00 Uhr und 14.30–17.30 Uhr

Schafbergbahn, Zahnradbahn auf den Schafberg (1783 m); in Betrieb Mai–Oktober

Seepromenade (mit Denkmälern von Ralph Benatzky und Robert Stolz)

Pfarr- und Wallfahrtskirche St. Wolfgang

## Feste

jährlich mehrere Aufführungen:
„Im Weissen Rössl", Singspiel von Ralph Benatzky
Mitte Mai–Mitte Oktober: jeden Sonntag Frühschoppen Laimeralm (Strobl)

Juni–August, an 7 verschiedenen Terminen: „Sommer Nacht" im gesamten Ortszentrum von St. Wolfgang; außerdem: LifeStyleParties entlang der Seepromenade (Mode, Shows, Strandbars, Model-Castings u.a.)

Pfarrkirche St. Wolfgang – Blick in den Chor mit dem großartigen Flügelaltar von Michael Pacher, aufgestellt 1481

Skulptur in Strobl am Wolfgangssee

Anfang Juni–Mitte September: jeden Dienstag „Romantik Classics Musikschiff" (Abfahrt St. Gilgen)
Anfang Juli–Ende September: jeden Mittwoch Original Hüttenzauber Laimeralm (Strobl)
Juli & August: jeden Sonntag Internationale Kirchenkonzerte in der Pfarrkirche St. Wolfgang
Juli & August: jeden Freitag St. Wolfganger Operetten-Abend

## Sommersport

Ballonfahren, Bogenschießen, Canyoning, Drachenfliegen, Fischen, Golfen (ganzjährig), Mountainbiken, Paragliding, Parasailing, Radfahren, Rafting, Schnorcheln, Schwimmen, Segeln, Sommerrodeln, Surfen, Tauchen, Tennis, Tuberiding, Wandern, Wasserschifahren
Oktober: Internationaler Lauf um den Wolfgangsee

## Wintersport

Schilifte auf der Postalm (Strobl), Langlauf, Schitouren

## Kulinarisches

Wolfgangsee-Fische, Räucherfisch, Wild- und Bauernprodukte, Knödelspezialitäten (z.B. Aberseer Schafkäseknödel)

## ➤ Weiterfahrt

St. Wolfgang–Bad Ischl: 19 km; zurück auf die B 158, Richtung Osten nach Bad Ischl.

# Bad Ischl

Bad Ischl, die Kaiserstadt. Hier im Herzen des Salzkammerguts wird der Besucher auf Schritt und Tritt an eine Zeit erinnert, in der Bad Ischl ein bedeutendes Zentrum der österreichisch-ungarischen Monarchie war. 66 Jahre lang, von 1848 bis 1914 residierte Kaiser Franz Joseph jeden Sommer in Ischl. Das hinterlässt Spuren. An der Esplanade steht das Haus, in dem sich 1853 der junge Kaiser mit Elisabeth („Sisi"), Herzogin von Bayern, verlobte. Heute ist es das „Haus Austria", in dem das Stadtmuseum untergebracht ist. Auch in der Kaiservilla, ursprünglich ein Hochzeitsgeschenk für das junge Paar, befindet sich heute ein Museum. Hier unterschrieb der Kaiser 1914 das Manifest „An meine Völker", die Kriegserklärung zum Ersten Weltkrieg.

Auf einem Hügel im nordwestlichen Teil des Kaiserparks versteckt sich hinter Bäumen das Marmorschlössl, das von 1856 bis 1861 für Kaiserin Elisabeth nach englischem Vorbild als „Cottage" erbaut wurde. Man nannte es auch ihr Teehaus, in dem sie sich mit ihren engsten Freunden traf. 1978 wurde im Marmorschlössl ein Fotomuseum eingerichtet. Es gilt auf Grund seiner außergewöhnlich schönen Räumlichkeiten mit Holzschnitzereien, roten Samttapeten, Original-Parkettböden, Kachelofen und Laubengängen als eines der schönsten.

Nicht ganz so prunkvoll wie die kaiserliche Residenz, aber doch sehr nobel und geschichtsträchtig mutet die Lehárvilla an, die Besuchern als Museum offen steht. Der berühmte Operettenkomponist Franz Lehár (geboren 1870, 1948 in Ischl begraben) war innig mit Ischl verbunden und schuf hier die meisten seiner Werke. „Das muss doch irgendwie mit der Ischler Luft zusammenhängen", sinnierte er 1939 darüber, dass er in Ischl immer die besten Einfälle hatte. Außerdem war Lehár ein begeisterter Kunstsammler, der seine Villa der Stadtgemeinde Bad Ischl nur mit der Auflage vermachte, sie nach seinem Tod als Museum zu führen.

1961 wird Bad Ischl als Operettenstadt wiederbelebt. Tausende Besucher strömen seither jährlich zu den Operetten Festspielen der Kurstadt. Spielstätte ist das neue Kongress & Theaterhaus Bad Ischl, das hinter der historischen Fassade des einstigen Kurhauses mit einer modernen technischen Ausstattung höchsten Ansprüchen bei Kongressen, Tagungen und kulturellen Veranstaltungen gerecht wird.

Wer sich nach dem Besuch von Kaiservilla, Marmorschlössl und Lehárvilla nun endgültig in die Zeit der österreichisch-ungarischen Monarchie zurückversetzen will, ist beim Zauner gut aufgehoben. Die weltberühmte Konditorei wurde schon bald nach ihrer Gründung 1832 in Ischl zum Treffpunkt von Aristokraten und Künstlern, die im Gefolge des Kaisers eintrafen. Nicht nur der Kaiser selbst soll die herrlichen Zaunerkipferl verspeist haben. Alles was Rang und Namen hatte traf sich beim Zauner: Johann Strauß, Johannes Brahms, Anton Bruckner, Franz Lehár, Katharina Schratt, eine enge Freundin des Kaisers, und viele andere Künstler. Der Zauber dieser Zeit ist beim Zauner bis heute erhalten geblieben.

◀ Bad Ischl mit Kaiservilla

Nicht von ungefähr zählt die Konditorei zusammen mit der Kaiservilla zu Bad Ischls attraktivsten Treffpunkten seit mehr als anderthalb Jahrhunderten.

Mit der k. u. k. Hofschauspielerin Katharina Schratt war Kaiser Franz Joseph 30 Jahre lang verbunden. Kaiserin Elisabeth förderte die „Seelenfreundschaft“ der beiden. Angeblich soll sie sich dadurch ihr schlechtes Gewissen erleichtert haben, da sie sich dem Kaiser durch ihre vielen Reisen entfremdet hatte und fühlte, dass Franz Joseph menschliche Wärme brauchte. 1886 besuchte der Kaiser Katharina Schratt zum ersten Mal in der Villa Frauenstein in St. Wolfgang. 1889 zog Katharina nach Ischl in die Villa Felicitas in unmittelbarer Nähe der Kaiservilla.

„Der Zauber der Salzkammergut-Landschaft, die Heilkraft des Salzes und die Anwesenheit der kaiserlichen Familien sicherten Ischl den Ruf als beliebtester Kurort der Monarchie. Mehr als ein halbes Jahrhundert wurde hier Weltgeschichte gemacht, begleitet von höfischen Romanzen und Historchen, aber auch von menschlichen Tragödien.“ (Umschlagtext des Buches „Bad Ischl und die Habsburger“ von Dieter Neumann und Rudolf Lehr)

Kongress & Theaterhaus Bad Ischl

Die arme dicke Schratt

Sie schnürt den Bauch sich ins Korsett,
dass alle Fugen krachen,
hält sich gerade wie ein Brett
und äfft noch andere Sachen.
Im Häuschen der Geranien
wo alles so fein und glatt,
dünkt sie sich gleich Titanien,
die arme dicke Schratt.

Kaiserin Elisabeth konnte auch boshaft sein. Dieses Gedicht über die „Seelenfreundin" ihres Mannes fand man in ihren Papieren. Zitiert in: Lehr/Neumann, Bad Ischl und die Habsburger, Bad Ischl1995.

## Geschichte

829 älteste urkundliche Erwähnung des Flusses Iscula

1262 älteste urkundliche Erwähnung des Ortes Iselen

1392 Dorf Yschl unterhalb des Veste Wildenstein

1466 Marktrecht von Kaiser Friedrich III. verliehen

1514 Verleihung des Marktwappens durch Kaiser Maximilian I.

1563 Ischler Salzberg wird aufgeschlagen

1601/02 Ischler Rebellion: Gegenreformation

1823 Heilbad, Solbad, Heilquellen; Dr. Josef Götz und Dr. Franz Wirer sind die Väter des Kurortes

1832 Gründung der Café-Konditorei Zauner

ab 1849 ist die spätere Kaiservilla Sommerresidenz Kaiser Franz Josephs

1853 Verlobung von Franz Joseph und Sisi in Ischl

1906 Bezeichnung „Bad Ischl"

bis 1914 ist Ischl der sommerliche Mittelpunkt der Monarchie: Villenbauten, Kurorchester; berühmte Komponisten wirken in Ischl (Lehár, Kalman)

1914 Am 28. Juli unterzeichnet Kaiser Franz Joseph in der Kaiservilla das „Manifest an meine Völker" (Kriegserklärung).

1940 Stadt Bad Ischl

1945/46 zahlreiche Flüchtlinge, Beginn des Wiederaufbaus nach dem 2. Weltkrieg, erste Siedlungen am Stadtrand

1959 Bau der Katrin-Seilbahn

1961 1. Ischler Operettenjahr

1965 Saline wird geschlossen

1978 Eröffnung des Photomuseums im Marmorschlössl

1989 Eröffnung des Stadtmuseums

1999 Eröffnung des Kongress- & Theaterhauses

„E" wie Elisabeth

Ein Wiener Notar hatte am Fuße des Jainzen ein biedermeierliches Landhaus erbaut. 1853 erwarb es die Erzherzogin Sophie von einem Ischler Salinenarzt als Hochzeitsgeschenk für ihren Sohn Franz Joseph und Sisi. Doch zur Kaiservilla wurde das Landhaus erst nachdem es großzügig umgebaut und durch zwei Flügelbauten erweitert war. Es erhielt die Form des Buchstaben „E" wie Elisabeth.

Marmorschlössl, ehemaliges Teehaus von Kaiserin Elisabeth, heute Photomuseum

Region: Salzkammergut
Einwohner: 14.000
Seehöhe: 468 m

Kurdirektion Bad Ischl
Bahnhofstraße 6
A - 4820 Bad Ischl
Tel.: +43 (0)6132 27757
Fax: +43 (0)6132 27757-77
e-mail: Office@kd-badischl.or.at
Internet: www.badischl.at

## Besonders sehenswert

Kaiservilla/Kaiserpark: Habsburgerschloss, ehemaliger Sommersitz von Kaiser Franz Joseph in Bad Ischl; geöffnet 1. Mai–Mitte Oktober täglich von 9–11.45 Uhr, 13–16.45 Uhr, Juli & August jeden Freitag bis 21.00 Uhr, sowie Weihnachten/Neujahr, Ostern und an Wochenenden im April

Lehárvilla: ehemaliger Wohnsitz des Operettenkomponisten Franz Lehár; geöffnet 1. Mai–30. September, täglich 9–12.00 und 14–17.00 Uhr.

Museum der Stadt Bad Ischl: Geschichte und Ausstellungen; Öffnungszeiten: Di, Do, Fr, Sa, So von 10–17.00 Uhr. Mi von 14–19.00 Uhr, Jeden Montag (außer Juli und August) sowie November geschlossen. Januar–März nur Fr, Sa, So geöffnet.

Photomuseum des Landes Oberösterreich im Marmorschlössl (Teehaus der Kaiserin Elisabeth) im Kaiserpark; geöffnet 1. April–31. Oktober, täglich 9.30 –17.00 Uhr.

Salzbergwerk Bad Ischl: Grubeneinfahrten 1. Mai–30. Juni, 9–15.45 Uhr, 1. Juli–1. Oktober, 10–16.45 Uhr, täglich. Mindestalter 4 Jahre.

## Feste:

Pfingsten: International American Music Festival
Juli & August: Operettenfestspiele
15. August: Kaiserfest
18. August: Kaisermesse
Wochenende nach dem 15. 8.: Stadtfest
Dezember: Ischler Adventdorf
1. Januar: Neujahrskonzert
5. Januar: Glöcklerlauf

## Sommersport

Fischen, Fitness, Golf, kaiserliche Jagdreviere, Schwimmen, Tennis, Reiten
Juli: Bad Ischler Mountainbikerennen
Juli: Katrin Berglauf
August: Kaiserin Elisabeth Gedenkturnier

## Wintersport:

Pferdeschlittenrennen, Wellness (Sole-Hallenbad, Kaisertherme)

## Kulinarisches:

weltberühmter Zaunerstollen, Holzknechtnocka

## ➤ Weiterfahrt:

Bad Ischl–Bad Goisern: 9 km; auf der B 166 Richtung Süden, über Lauffen nach Bad Goisern.

Lehár Villa, heute ein Museum

19
Bergrettung
Bad Goisern
83

# Bad Goisern

Bad Goiserns Grenzen erstrecken sich im Süden bis zur Mitte des Hallstättersees. Im Westen hält das Ramsaugebirge die rauen Winde ab, im Osten leiten die grünen Kuppen des Pötschen über den Pass ins Ausseerland. Insgesamt liegen 31 Ortschaften verstreut im Tal und auf den Berghängen. Das Zentrum Goisern gab gemeinsam mit der Jodschwefel-Heilquelle der Marktgemeinde den Namen Bad Goisern.

Im Inneren Salzkammergut – Bad Goisern liegt inmitten – ist man stolz auf eine ebenso seltene wie ehrenhafte Auszeichnung. Die UNESCO hat die Region Hallstatt-Dachstein/Salzkammergut zum Weltkultur- und Naturerbe erklärt. Zweieinhalbtausendjährige kulturelle Kontinuität und ein unvergleichliches Landschaftsbild von schroffen Bergen, grünen Wiesen und zahlreichen Almhütten sprechen für sich.

Brauchtum, Tradition, Bodenständigkeit. Hier im Inneren Salzkammergut und speziell in Bad Goisern sind diese Begriffe mehr als abgedroschene Floskeln auf Urlaubsprospekten. Musik, Tanz und Gesang, Schützentradition, heimisches Handwerk. All das lebt bis heute in dem Kurort. Mit den Gamsjagatagen Ende August, dem buntesten Spätsommerfest im Salzkammergut, findet das Treiben seinen alljährlichen Höhepunkt. Das Fest rund um Brauchtum, Volksmusik und die berühmten Gams- und Hirschbärte ist seit Anfang der sechziger Jahre fester Bestandteil des Goiserer Veranstaltungsprogramms.

◄ Bad Goisern, Predigstuhl: Blick übers Goiserertal bis zum Hallstättersee und Dachstein

Apropos „Goiserer“: Durch die legendären zwiegenähten und mit Eisen beschlagenen Schuhen wurde der Ortsname im 19. Jahrhundert zu einem weitum bekannten Markenbegriff. Das traditionell handgefertigte Schuhwerk von bester Qualität wird noch heute von Schuhmachermeister Rudolf Steflitsch-Hackl erzeugt. Jedes Paar Schuhe, das seine Werkstatt verlässt, ist maßgeschneidert – für Kunden in aller Welt, die auf ihre echten Goiserer allerdings 12–15 Monate warten müssen. Gut Ding braucht eben Weile, und nicht zuletzt dieser Philosophie hat der Schuhmacher die seit Jahren gute Auftragslage zu verdanken.

Eine Hochburg der Volksmusik wird Bad Goisern genannt. Allein sieben Blasmusikkapellen tummeln sich in dem Ort. Das ist – bei 7500 Einwohnern – österreichischer Rekord. Es kommt auch schon einmal vor, dass der Zimmervermieter seine Gäste zur „Volksmusik im Wirtshaus“ mitnimmt. Da packen Einheimische und Gäste ihre Instrumente aus und spielen bis in die frühen Morgenstunden …

Die Chorinsky-Klause im Weißenbachtal – genannt nach dem Hofkammerpräsidenten Graf Chorinsky – diente im 19. Jahrhundert dazu, die Salzbereitungen im Salzkammergut mit Nutz- und Brennholz zu versorgen. Heute noch beeindruckt die Kraft des gestauten Wassers. Sechsmal jährlich (Juni–September) wird die Chorinskyklause „geschlagen“. Mit einem Schlag wird eine Verriegelung geöffnet, die das aufgestaute Wasser freigibt.

Wessen Goisern-Besuch weder mit den Gamsjagatagen noch dem Schlagen der Chorinskyklause oder der Veranstaltungsreihe „Volksmusik im Wirtshaus" zusammenfällt, der kann sich trösten. Nicht nur das Heimat- und das Holzknechtmuseum lohnt einen Besuch. Auf gar keinen Fall sollte man sich das Ausflugsziel Panorama Nova am Predigstuhl entgehen lassen. Von diesem Almgebiet aus – auf 1.000 Metern Seehöhe – eröffnet sich dem Besucher ein einzigartiger Rundblick über die Weltkultur- und Naturerberegion Hallstatt-Dachstein.

Die Chorinsky-Klause im Weißenbachtal diente im 19. Jh. dem Transport von Nutz- und Brennholz

## Geschichte

Besiedelung schon in der jüngeren Steinzeit (Funde: Werkzeug aus Schiefergestein und Serpentin, Bronzeschwerter und -beile)

13.–15. Jh. Entstehung des Namen: Gebisharn - Gebsharn - Geusarn

1601 Aufstand der evangelischen Bevölkerung des Salzkammergutes als Folge der Gegenreformation

1734–37 Zwangsweise Auswanderung von 387 evangelischen Goiserern nach Siebenbürgen

1809–19 Bau der Chorinsky-Klause im Weißenbachtal

1876 Erbohrung der ersten Schwefelquelle im Perzlwald in 308 m Tiefe

1882 Anfänge des Fremdenverkehrs in Goisern

### Goiserer Stahelschützen

Zu den wichtigsten Traditionen im Goiserer Brauchtum zählt das Schützenwesen. Die Geschichte der „Stahelschützen", die bis heute mit der Armbrust schießen, reicht weit zurück: In den Schützenvereinen, die sich vom Frühjahr bis zum herbstlichen „Schützenmahl" regelmäßig treffen, leben die alten „Passen", die Männergruppen der einzelnen Ortschaften, weiter. Bereits aus dem Jahre 1585 ist ein „Freischießen" überliefert, das man „umb mehrer Khurzweill, Nachberschaft und Freindschafft willen" durchführte. Bis heute geht es darum, die Schützenscheiben genau in der Mitte zu treffen – nicht in wettbewerbsmäßiger Konkurrenz, sondern zur eigenen Vervollkommnung und im Bewusstsein, dass das Schützenglück auch vom „Reim", vom glücklichen Zufall, abhängt.– Aus dem beschilderten Themenweg durch Bad Goisern (ebene Rundroute, etwa anderthalb Gehstunden)

### Telefonnummer 27

Schuhmachermeister Steflitsch-Hackl darf selbst „Goiserer"-Fans aus Übersee zu seinen Kunden zählen. Problematisch ist hier allerdings das Vermessen des Fußes. Denn so sehr der Aufwand auch lohnt, nicht jeder Kunde kann sich für seine Schuhe nach Maß nach Österreich einfliegen lassen. So hat der findige Handwerker auf einem alten „Goiserer"-Folder seines Großvaters eine Maßanleitung entdeckt, anhand dessen sich der Kunde im Notfall seine Maße selbst abnehmen kann. Diese gelangen heutzutage meist per e-mail an den Meister, der dann Hand anlegt. Einen e-mail-Anschluss hatte Steflitschs Großvater noch nicht. Aber per Telefon konnte man ihn schon erreichen – unter der Nummer 27. So steht's auf dem Werbeprospekt.

1931 Goisern wird zum Heilbad und Luftkurort erklärt

1954 schwerste Hochwasserkatastrophe

1957 neuerlicher Aufschwung des Fremdenverkehrs

1961 Gründung der Gamsbart-Olympiade

1964 Bad Goisern wird Kurort, Eröffnung des Kurparks

1977 Eröffnung des Holzknechtmuseums

1981 Eröffnung des Heimatmuseums

Hausfassade in Bad Goisern

Region: Salzkammergut
Einwohner: 7500
Seehöhe: 500 m

Kurdirektion Bad Goisern
Kirchengasse 17
A – 4822 Bad Goisern
Tel.: +43 (0)6135 8329
Fax: +43 (0)6135 8329-74
e-mail: tourismus@bad-goisern.at
Internet: www.tiscover.com/bad-goisern

## Besonders sehenswert

**Ausflugsziel Panorama Nova/Predigstuhl:** Almgebiet auf 1.000 Meter Seehöhe mit einzigartigem Rundblick über die Weltkultur- und Naturerberegion Hallstatt – Dachstein/Salzkammergut; Wanderzentrum

**Chorinsky-Klause** im Weißenbachtal: Kulturgeschichtliches Denkmal (1819). Mit den aufgestauten Wassermassen wurde das Holz aus den Waldungen Richtung Traun befördert.

**Holzknechtmuseum** im Müllnerwald: alte Geräte und Werkzeug der Holzknechte in originalgetreuem Gebäude; geöffnet 1. Juni–10. September, 9.30–11.30 Uhr

**Heimatmuseum, Landlermuseum;** geöffnet 1. Juni–15. September, 9.30 –11.30 Uhr bzw. auf Anfrage

## Feste

Sommer: An sechs Terminen findet das „Schauschlagen" der Chorinsky Klause statt (ein Schlag öffnet die Verriegelung der Klause).
August: Goiserer Gamsjaga Tage: Brauchtumsfest rund um den Gamsbart, die Lederhose und die Weidmanns-Tradition
alle vier Jahre im August: Gamsbart-Olympiade

## Sommersport

Mountainbiken (500 Kilometer Mountainbikenetz im Inneren Salzkammergut), Bergsteigen, Canyoning, Flusswandern, Klettern, Raften, Wandern
Juli: Salzkammergut-Mountainbike-Trophy (215 km, härtester Mountainbike-Marathon Europas)

## Wintersport

Langlaufen (Panorama Nova: Höhenlanglaufzentrum über 1.000 Meter, 27 km Loipen; im Goiserer Tal: 25 km Loipen) Eisstockschießen, Rodeln (Weltcup-Rodelbahn, Naturrodelbahnen), Winterwanderwege, Schitouren, Schneeschuhwandern

## ➤ Weiterfahrt

Bad Goisern–Hallstatt: 12 km; weiter auf der B 166, durch Steeg, Abzweigung nach links Richtung Hallstatt. Der Hallstättersee gehört zur Hälfte zum Gemeindegebiet von Bad Goisern. Unmittelbar am See liegt Hallstatt. Das Ortszentrum ist autofreie Zone, ausreichend kostenpflichtige Parkplätze am Ortsrand.

Holzknechtmuseum
Bad Goisern

Weltkulturerbe-Ort Hallstatt

# Hallstatt

Die Chinesische Mauer, die Ägyptischen Pyramiden, der Grand Canyon in den Vereinigten Staaten. In die Liste der überragenden Kultur- und Naturdenkmäler der Menschheit reiht sich ein 1000-Seelen-Dorf im oberösterreichischen Salzkammergut: Hallstatt, „der schönste Seeort der Welt". So formulierte es Alexander von Humboldt. Und wer die malerische Siedlung am gleichnamigen See besucht, weiß, was der große Humanist gemeint hat. Als historische Kulturlandschaft ist das Innere Salzkammergut Ende 1997 in die Liste der UNESCO aufgenommen worden.

In Hallstatt dreht sich seit jeher alles ums Salz (Hall bedeutet Salz). Dem „weißen Gold" verdankt der Ort seine Bedeutung. Salz wurde sogar mit Etruskern und Griechen, von der Ostsee bis Nordafrika gehandelt. So verwundert es kaum, dass die Hallstätter Siedlung im 7. und 8. Jahrhundert v. Chr. reicher war als Rom.

Dass man heute über die Lebensweise in der vorchristlichen Hallstattzeit so gut Bescheid weiß, ist dem unermüdlichen Eifer zweier „Hobby-Archäologen" zu verdanken. Der Bergwerksbeamte Johann Georg Ramsauer fand 1846 das Gräberfeld von Hallstatt. In den folgenden Jahren grub er insgesamt 980 Gräber und 19.497 Fundstücke von unschätzbarem Wert aus. Isidor Engl war der zweite im Bunde. Der Grubensteiger hielt Ramsauers Ausgrabungen detailgetreu in Aquarellen und Skizzen fest und ermöglichte es der Wissenschaft dadurch, die faszinierende Hallstatt-Geschichte nachzuvollziehen. Die Entdeckung des riesigen Gräberfeldes auf dem Salzberg ergab nicht nur ein außergewöhnlich vollständiges Bild über die Zeit von 800 bis 400 v. Chr. Sie brachte dieser Epoche sogar ihren Namen ein: die „Hallstattzeit".

Auf den Fund eines zweiten „Mannes im Salz" hofft man bis heute. Sensationelle Entdeckungen werden jedoch auch in jüngerer Zeit immer wieder gemeldet. Unter dem Sportgeschäft Janu direkt am Ufer des Hallstättersees entdeckte man 1993 durch Zufall Reliquien aus der Hallstattzeit, der Römerzeit und dem Mittelalter. Diese Funde sind der Öffentlichkeit während der normalen Öffnungszeiten des Geschäfts frei zugänglich.

Im Ortszentrum von Hallstatt, umrankt von einem schier unbeschreiblichen Ensemble denkmalgeschützter Häuser, liegt der historische Marktplatz mit seiner barocken Dreifaltigkeitssäule. Große künstlerische Bedeutung kommt der Architektur des Ortes zu. Die Siedlung war ursprünglich gotisch, wurde nach einem Brand barock wieder aufgebaut. Bis heute hat sich dieses historische Ortsbild kaum geändert, zumal die Umfahrungsstraße durch den Bergtunnel führt. So blieb die Verbindung von See und Ort unbeeinträchtigt.

300 Meter über der Ortschaft erhebt sich der Rudolfsturm, 1282–1284 als Wehrturm zum Schutze des Hallstätter Salzberges erbaut. Das Salzberghochtal birgt das weltberühmte Gräberfeld und die modernen Bergwerksanlagen des ältesten Salzbergwerks der Welt. Beide stellen heute die Hauptattraktion der Weltkulturerberegion dar.

## Geschichte

800–400 v. Chr. Hallstattzeit; hoher Lebensstandard durch Salz-Monopol; zahlreiche Funde: Holzschaufeln, Beilstiele, Leuchtspäne, Tragkörbe aus Fell und Leder, Fellmützen; Armreifen, Halsbänder, Broschen, Schüsseln, Waffen u.a.

um 350 v. Chr. vermutlich Erdrutsch-Katastrophe, die das Salzbergtal verwüstet

1284 Albrecht I. lässt den Rudolfsturm erbauen

1311 Elisabeth von Tirol (Albrechts Witwe) widmet sich der Neuordnung des Salzwesens; Hallstatt wird zum Markt erhoben.

1494 Kaiser Maximilian I. verleiht den Bürgern von Hallstatt ein Marktwappen (bis heute in Verwendung)

1595 Kaiser Rudolf II. veranlasst den Bau einer Soleleitung von Hallstatt nach Ebensee (ca. 40 km)

1680 Kaiser Leopold I. besichtigt Hallstatt und die Saline

1734 Bergmänner im Hallstätter Salzberg finden den „Mann im Salz“, einen hallstattzeitlichen Bergmann in Fellkleidung, völlig im Salz konserviert

### Kultur- und Naturerbe der Welt

Die „Welterbekonvention" wurde 1972 von der Generalkonferenz der UNESCO beschlossen, um jenes „natürliche und kulturelle Erbe" auszuwählen und in einer „Liste des Welterbes" zu erfassen, das von außergewöhnlichem Interesse und Wert für die gesamte Menschheit ist. Die Liste liegt bei der UNESCO in Paris auf. Ziel der Konvention ist es, in Zusammenarbeit zwischen allen Völkern einen wirksamen Beitrag zum Schutz dieses „Welterbes" zu leisten.

1744 Der Salzfertiger Etzinger stiftet die barocke Dreifaltigkeitssäule, die bis heute den Marktplatz dominiert.

1750 Großbrand vernichtet das Zentrum von Hallstatt

1824–1831 verschiedene Funde im Bergwerk

ab 1846 Grabungen des Bergmeisters Johann Georg Ramsauer: insgesamt 19.497 Objekte in 980 Gräbern gefunden

### Der Mann im Salz

Weniger dankbar als dem Gräberfeld-Entdecker Ramsauer und dem Skizzen-Zeichner Engl ist die Wissenschaft jenen Bergmännern, die anno 1734 den „Mann im Salz" entdeckten. Im konservierenden Salz war der Leichnam über zwei Jahrtausende eingelagert gewesen. Statt diese „Begegnung" mit einem prähistorischen Menschen für neue Erkenntnisse zu nutzen, konstatierten die Entdecker lediglich, dass der Tote ein Heide gewesen sein musste. Also weg mit ihm, auf dem schnellsten Weg in die Selbstmörderecke des Hallstätter Friedhofs.

1853 Kaiser Franz Joseph I. und Elisabeth verloben sich in Ischl und besuchen am selben Tag Hallstatt (Gedenktafel am Löckerbrunnen)

1898 erstes Museum von Hallstatt wird eröffnet (Gedenktafel am Heimatmuseum)

1937–39 weitere wertvolle Funde: über 60 reich ausgestattete Gräber

1993 Unter dem Sportgeschäft Janu direkt am Seeufer werden neue Ausgrabungen gemacht, die frei zugänglich sind.

1997 Aufnahme der Region Hallstatt-Dachstein/Salzkammergut in die „Liste des Welterbes“ der UNESCO

Marktplatz mit barocker Dreifaltigkeitssäule

Region: Salzkammergut
Einwohner: 1000
Seehöhe: 508 m

Tourismusverband Hallstatt
Seestraße 169
A – 4830 Hallstatt
Tel.: +43 (0)6134 8208
Fax: +43 (0)6134 8352
e-mail: hallstatt-info@Eunet.at
Internet: www.tiscover.com/hallstatt
www.hallstatt.net

## Besonders sehenswert

**Salzbergwerk** Hallstatt: ältestes Salzbergwerk der Welt, das heute noch in Betrieb ist; geöffnet Mai–Oktober, 9.30–16.30 Uhr bzw. ab 24. September bis 15.00 Uhr

**Salzbergbahn** Hallstatt: Auffahrt zum Bergwerk, prähistorisches Gräberfeld, Blick vom Rudolfsturm; geöffnet Mai–Oktober, 9.00–18.00 Uhr (Bergfahrt zur letzten Führung 17.30 Uhr) bzw. ab 24. September bis 16.30 Uhr (Bergfahrt zur letzten Führung um 16.00 Uhr)

**Prähistorisches Museum:** Archäologisches Museum mit Funden aus der Hallstatt- und Römerzeit; geöffnet April und Oktober täglich 10–16.00 Uhr, Mai–September 10–18.00 Uhr, im Winter jeden Mittwoch, 14–16.00 Uhr

**Heimatmuseum:** Volkskunst, Tierwelt, geologischer Ausbau Dachstein-Gebirge u.a.; geöffnet April und Oktober täglich 10–16.00 Uhr, Mai–September 10–18.00 Uhr

**Beinhaus:** seit 1600 Beisetzungsraum für exhumiertes Totengebein; geöffnet April–Oktober

**Katholische Pfarrkirche:** spätgotischer Bau mit drei Flügelaltären (1450, 1520, 1895); ganzjährig geöffnet

**Hallstättersee-Schifffahrt:** Rundfahrten im Sommer, Schiff zum Bahnhof ganzjährig

**Archäologische Ausgrabungen Janu:** Zufallsentdeckung beim Ausbau eines Geschäftes direkt am Seeufer, Funde aus Hallstatt-Zeit, Mittelalter, Römerzeit; frei zugänglich

**Wasserfälle Waldbachstrub:** im wildromantischen Echerntal; frei zugänglich

**Hallstätter Gletschergarten:** eiszeitliches Naturdenkmal im Echerntal; frei zugänglich

## Feste

Fronleichnam (Juni): Fronleichnamsprozession am See
Anfang September (alle zwei Jahre): Straße der alten Handwerkskunst
26. Oktober (Österr. Nationalfeiertag): Weltkulturerbe-Soleweg-Wandertag

Blick vom Rudolfsturm – 300 Meter über der Ortschaft – auf Hallstatt

Brillenfibel in Bronze (1000-500 v. Chr.), auch Spiralfibel oder Sonnenfibel: Symbol der Hallstattzeit, wurde als Art Sicherheitsnadel und Schmuckstück verwendet

## Sommersport

Canyoning, Drachenfliegen, Fischen, Klettern, Mountainbiken, Paragleiten, Radfahren, Rafting, Schwimmen, Tauchen, Tennis, Wandern, Wildwasserpaddeln
erster Sonntag im Mai: Hallstättersee-Rundlauf (Halbmarathon)
Juli: Salzkammergut-Mountainbike-Trophy

## Wintersport

Eislaufen, Langlaufen, Schifahren, Schitouren, Schneeschuh-Wandern, Snowboarden, Tauchen (Eistauchen), Wasserfall-Eisklettern, Winterwandern

## Kulinarisches

Hallstättersee-Fische, Zauner-Suppe, Zauner-Baz, Salzfürsten-Platte (Gasthof Zauner-Seewirt); Hallstatt-Wein, Hallstatt-Sekt, Hallstatt-Bier („Weltkulturerbe-Bier"), Pfannhauser-Gebäck, Ritschert (Bohnengericht aus der Hallstatt-Zeit)

## ➤ Weiterfahrt

Hallstatt–Obertraun: 4 km; weiter am Ufer des Hallstättersees entlang.

# Obertraun

Eingebettet zwischen den Bergen des Dachsteins am Ostufer des Hallstättersees liegt das kleine Juwel Obertraun. Der 800-Seelen-Ort ist Pforte zu den Eispalästen im Dachstein, der Rieseneishöhle und der Mammuthöhle, sowie zur Koppenbrüllerhöhle im Tal. Die Dachsteinhöhlen zählen zu den größten Naturwundern der Alpen. Besucher aus aller Welt lockt die unterirdische Eislandschaft nach Obertraun.

Der Name „Rieseneishöhle" spricht für sich. Mächtige Höhlengletscher, Eisberge und Eiskapellen sind hier im Laufe der Jahrtausende entstanden. Die Bezeichnung „Mammuthöhle" darf allerdings nicht so wörtlich genommen werden. Hier stößt der Besucher nicht etwa auf die mächtigen urzeitlichen Vierbeiner, auch wurden in der Höhle keine Spuren von Mammuts gefunden. Der Name spielt lediglich auf die enorme Größe an. Dabei ist erst ein „geringer" Teil, nämlich 50 Kilometer des riesigen Labyrinths, erforscht. Im „Mitternachtsdom" eröffnet eine multivisuelle Bildprojektion dem Besucher Einblicke in diese faszinierende Welt ohne Sonne. Höhlenforscher in unterirdischen Schlürfen, Schächten und Klammen sowie Höhlentiere werden präsentiert.

Weniger touristisch aufbereitet waren die Dachsteinhöhlen im Sommer des Jahres 1910, als der Höhlenforscher Georg Lahner als erster Mensch die ungeheuren Räume mit den überwältigenden Eismassen erblickte – „kühne Riesenfiguren in mächtigen Gletscherwellen". Wirklich als erster? Wie kam dann der durchbohrte Höhlenbärenknochen hierher? Schon zur Steinzeit musste die Höhle Unterschlupf für Menschen gewesen sein!

Wie uralte Dokumente erzählen die Dachsteinhöhlen von den Geheimnissen der Erdgeschichte. Ein Eldorado für Wissenschafter und ein faszinierendes Erlebnis für jeden interessierten Laien. Wer nun auf den Geschmack gekommen ist und noch tiefer in das unterirdische Abenteuer eintauchen will, der kann sich auf eine unvergessliche Höhlentrekking-Tour freuen. Vorwiegend in der Mammuthöhle gibt es zusätzliche Führungen auf den Spuren der Höhlenforscher. Im Overall und am Seil gesichert erklimmen besonders Mutige Höhlenteile weit abseits der Normalführung.

Gediegener geht es im Tal zu. Zur Koppenbrüllerhöhle, der jüngsten unter den Dachsteinhöhlen, führt ein romantischer Weg entlang der Koppentraun. Die Koppenbüllerhöhle ist im Grunde eine Riesenquelle. Sagen und Geschichten ranken sich um diesen geheimnisvollen Ort. Der Höhlenführer weiß mehr ...

◀ Koppenbrüllerhöhle, die jüngste Dachsteinhöhle

## Geschichte

1347 erste Erwähnung von „Obern Traun"

1797 Alexander von Humboldt in Obertraun

1909 Beginn der Erforschung der Koppenbrüllerhöhle

1910 Entdeckung der Mammut- und Rieseneishöhlen

1920 Trennung von Hallstatt, eigenständige Gemeinde; große Schäden durch Hochwasser

1947 Gründung der Dachstein Fremdenverkehrs AG; Spatenstich für 1. Seilbahn-Teilstrecke Obertraun–Schönbergalm

1951 Eröffnung der Seilbahn zu den Dachsteinhöhlen

1966 Hallstätter Straßentunnel wird fertiggestellt

1978 Koppenwinkl wird zum Naturschutzgebiet erklärt

1990 70-jähriges Gemeindejubiläum

### Tod in den Geisterhöhlen

Da die Höhlen einst als das Reich der Berggeister galten, dienten sie weniger Abergläubischen als sicheres Versteck. Aus dem Jahre 1776 ist die tragische Geschichte des Franz Engl überliefert. Der gesuchte Deserteur verkroch sich in der Koppenbrüllerhöhle und ließ sich von seiner Freundin mit Lebensmitteln versorgen. Diese verschliss ihre Kräfte jedoch derart, dass sie sich schließlich todkrank in die Höhle ihres Geliebten schleppte und dort verstarb.

Region: Salzkammergut
Einwohner: 756
Seehöhe: 514 m

Tourismusverband Obertraun
A - 4831 Obertraun 180
Tel.: +43 (0)6131 351
Fax: +43 (0)6131 342-22
e-mail: tourismus@obertraun.or.at
Internet: www.tiscover.com/obertraun

## Besonders sehenswert

**Dachstein-Seilbahnen,** drei Teilstrecken: Tal (610 m)–Schönbergalm (1350 m, Ausgangspunkt zu den Dachstein-Höhlen), Schönbergalm–Krippenstein (2100 m), Krippenstein–Oberfeld; in Betrieb von Mai–Oktober

**Rieseneishöhle:** unterirdische Eislandschaft; Höhlengletscher, Eisberge, Eiskapellen, die sich auf einer Länge von 500 Metern während der letzten Jahrtausende gebildet haben; Führungen (etwa 1,5 Stunden) Mai–Oktober, täglich von 9–16.00 Uhr (Hochsaison bis 16.40 Uhr)

**Mammuthöhle:** Höhlenlabyrinth von insgesamt über 50 km Länge, Führungen auf einer Länge von 1 km; Themen: Höhlenforschung, Leben in den Höhlen; Führungen (etwa 1,5 Stunden) Mai–Oktober, täglich von 10–14.10 Uhr (Hochsaison bis 15.10 Uhr)

**Koppenbrüllerhöhle:** jüngste Dachsteinhöhle, eigentlich eine Riesenquelle, im Tal gelegen, romantischer Weg führt zum Höhleneingang; geöffnet April–September

Blick auf Obertraun
und den Hallstättersee

## Feste

Juli: Strandfest
Juli und August : Eishöhlenkonzerte (2–3 pro Monat), Waldfeste, mittwochs Echoblasen am See, wöchentlich Platzkonzert, alle 14 Tage Heimatabende
August: Dorffest

Dachstein-Eishöhle

## Sommersport

Fischen, Jagd, Paragleiten, Ponyreiten, Radfahren, Schwimmen (Naturbadestrand, auch FKK), Tennis, Wandern, (Wildwasser)paddeln

## Wintersport

Schigebiet Obertraun-Dachstein-Krippenstein (520–2100 m), 11 km-Abfahrt, großes hochalpines Tourengebiet, Beschneiungsanlage garantiert Schibetrieb von Dezember–April; Eisstockschießen, Langlauf, Eislaufen

## Kulinarisches

Seefische, Wild

## ➤ Weiterfahrt

Obertraun–Traunkirchen: 47 km; zurück über Hallstatt, Bad Goisern und Bad Ischl nach Ebensee (B 145); entlang des Traunsee-Westufers führt die Romantikstraße direkt nach Traunkirchen.

# Traunkirchen

Wir haben den Traunsee erreicht, an dessen tiefster Stelle das Senklot 191 Meter anzeigt. Damit ist der Traunsee der tiefste Alpensee Österreichs. Sein Fischreichtum ist weitum bekannt, zu den besten Speisefischen zählen Reinanke und Saibling. Eines der bezauberndsten Schmuckstücke des gesamten Salzkammerguts liegt direkt am Traunsee: die Gemeinde Traunkirchen. Der älteste Teil des Ortes ragt wie eine kleine Bühne in den See. Die heiligen Stätten erzählen hier von der Bedeutung Traunkirchens als Mutterpfarre des Salzkammerguts.

Auf der „Via Historica" lassen sich Geschichte, Landschaft und Bauten Traunkirchens am besten entdecken. 15 Emailtafeln vermitteln Informationen, so dass ein Spaziergang zur Zeitreise durch Jahrtausende wird.

Die noblen Villen des Ortes sind im 19. Jahrhundert entstanden, als berühmte Persönlichkeiten zur Sommerfrische nach Traunkirchen kamen. Erzherzog Maximilian, Bruder Kaiser Franz Josephs und späterer Kaiser von Mexiko, war hier, Anton Rubinstein, Rainer Maria Rilke, Adalbert Stifter und andere mehr. Sie residierten in der „Russenvilla", die 1850 bis 1854 nach Plänen des Architekten Theophil von Hansen erbaut wurde. Auftraggeberin war die russische Fürstentochter Sophie Pantschoulidzeff.

In den Felsen des Johannesberges ist ein künstlerisch wertvolles Mahnmal für die Toten beider Weltkriege gehauen. Der Johannesberg selbst – auch Odinstein genannt – ist mit seinem Eibenbestand ein rares Naturdenkmal mit dunklem kultischen Hintergrund. In der Mythologie gelten die Eiben als heilige Bäume. Viele Funde belegen, dass auf dem Gipfelplateau des Johannesberges über Jahrhunderte hinweg den Naturgottheiten Tiere und Früchte geopfert wurden. Dieser urgeschichtliche Brandopferkult erreichte in der Hallstattzeit seinen Höhepunkt. Später stand auf dem uralten Kultplatz ein römisches Heiligtum. Auf dessen Mauerresten, so vermutet man, wurde die Johannesberg-Kapelle – 1356 urkundlich erstmals erwähnt – errichtet.

◄ Traunkirchen am Traunsee, dem tiefsten Alpensee Österreichs, vor dem hoch aufragenden Traunstein

Hauptwerk und besondere Kostbarkeit der ehemaligen Kloster- und heutigen Pfarrkirche Traunkirchen ist die berühmte Fischerkanzel, die ein unbekannter Meister 1753 schnitzte. Sie stellt das Wunder des reichen Fischfangs des Jüngers Petrus dar. Im ehemaligen Klostergebäude ist ein Handarbeitsmuseum der Goldhauben- und Kopftuchgruppen der Region eingerichtet.

Beim Seetor nimmt alljährlich die beeindruckende Fronleichnamsprozession auf dem See ihren Anfang. Die Feier wurde ursprünglich auf Grund des zweiten Klosterbrandes im Jahre 1632 und des daraus resultierenden Platzmangels auf den See verlegt. Die Prozession kann heute sowohl auf dem Landweg rund um die Kirche und den Johannesberg mitgefeiert werden als auch von Elektrobooten oder Sonderschiffen aus.

Traunkirchen ist ein Paradies für Wasserratten und Wanderer. Schöne Badeplätze bietet Traunkirchen ebenso wie Rundwanderwege zu traumhaften Aussichtspunkten rund um den Traunsee.

## Geschichte

1020 Nonnen vom Erinkloster Salzburg gründen das Benediktinerinnenstift

1191 Kirche zu „St. Nikolaus am Berg" urkundlich erstmals erwähnt

1327 erster großer Klosterbrand

1356 erste urkundliche Erwähnung der Johanneskapelle am Odinstein

1573 Aufhebung des Nonnenklosters (Reformation)

1622 Passauer Jesuiten übernehmen das Kloster

1632 zweiter Brand des Klosters, aus Platzmangel Fronleichnamsprozession am See

### Das steinerne Totenbuch

„Der Zellerlweg führt an die Flanke des Baalsteins. Hier tragen überhängende Felswände seltsame Schriftzüge und Zeichnungen. Buchstaben und Jahreszahlen sind zu erkennen – zum Beispiel 1691, IHS, das Monogramm Christi, „IP", in pace; dazu kommen Doppelrauten und christliche Symbole. Als die Gegenreformation auch in Traunkirchen einsetzte, wurden Lutheraner in vielfacher Weise entrechtet und gequält. So mussten sie ihre Toten außerhalb des Friedhofes in ungeweihter Erde bestatten, ohne Glockengeläut und Gesang. Doch bis ins 19. Jahrhundert waren zwei verborgene Felswände ihr steinernes Totenbuch. Nicht alle Felszeichen sind jedoch enträtselt. Die Überlieferung berichtet von einer seltsamen Einsiedlerklause, von heidnischen Kultstätten auf dem Baalstein und der Geiswand. Ein uralter Totenkult, zu neuem Leben erwacht in Zeiten der Bedrängnis? Es gibt noch viel zu erforschen ... (letzte Station der „Via Historica" Traunkirchen)

1696 Bau der Kalvarienbergkapellen durch die „Bruderschaft vom guten Tod" der Jesuiten; Hauptkapelle die älteste Kalvarienbergkapelle des Salzkammerguts

1773 Auflösung der Jesuitenniederlassung

1778 Klosterkirche wird Pfarrkirche

1850–1854 „Russenvilla" der Gräfin Pantschoulidzeff wird erbaut

1861 Weihe des Löwendenkmals

### Löwe ohne Zunge

Zur Einweihung der Straße von Traunkirchen nach Ebensee wurde 1861 das Löwendenkmal eines unbekannten Meisters enthüllt (nach Plänen von A. Fischer). Dieser vergaß jedoch die Zunge des Löwen und stürzte sich der Sage nach in den See, als man das Missgeschick aufdeckte. 1963 wurde das Denkmal von italienischen Neofaschisten gesprengt. Heute steht es jedoch wieder – originalgetreu ohne Zunge – am südlichen Ortsende Traunkirchens.

1871 Jungfernfahrt des Raddampfers „Gisela" (bis heute zwischen Gmunden und Ebensee in Betrieb)

1907 Der englische König Eduard VII. besucht Slatin Pascha in seiner Villa am See (Spitzvilla)

1913 Kaiserin Auguste Viktoria, Gemahlin Wilhelms II. und Vertraute von Slatin Pascha, besucht Traunkirchen mit dem Automobil.

1921–1923 Arnold Schönberg zu Besuch, erste Kompositionen in Zwölftontechnik entstehen hier

1959 größtes Hochwasser in der Ortsgeschichte

Pfarrkirche Traunkirchen, ehemalige Klosterkirche

1963 Sprengung des Löwendenkmals („Löwe ohne Zunge")

1976 Land Oberösterreich erwirbt die Spitzvilla (seither Ausstellungs- und Veranstaltungszentrum)

1988 Auszeichnung für vorbildliche Umwelt- und Ortspflege

1999 Eröffnung des Handarbeitsmuseums im ehemaligen Klostergebäude

Holzgeschnitzte Fischerkanzel (1753) in der Pfarrkirche Traunkirchen

Region: Salzkammergut
Einwohner: 2700
Seehöhe: 422 m

Tourismusverband Traunkirchen
Nr. 56
A - 4801 Traunkirchen
Tel.: +43 (0)7617 2234
Fax: +43 (0)7617 3340
e-mail: info.traunkirchen@upper-austria.or.at
Internet: www.tiscover.com/traunkirchen

## Besonders sehenswert

**Pfarrkirche** Traunkirchen mit holzgeschnitzter Fischerkanzel (1753)

**Johannesbergkapelle** am Naturdenkmal Johannesberg oder Odinstein (um 1356)

**Kriegerdenkmal,** in die Südwand des Johannesberges gemeißelt

**Via Historica:** Kulturweg als Zeitreise durch Jahrtausende, 15 Emailtafeln

**Kalvarienberg:** über zahlreiche Steinstufen, vorbei an vier Andachtskapellen, zur Hauptkapelle

**Handarbeitsmuseum** im ehemaligen Klostergebäude; geöffnet Mai–Oktober, Mi, Sa und So von 14–16.00 Uhr

## Feste

5. Januar: Glöcklerlauf
Fronleichnam (Juni): Fronleichnamsprozession am See
1. Samstag im August: Märchennacht
Anfang September: zweitägiger Traunkirchner Holzmarkt

## Sommersport

Schwimmen, Segeln, Surfen, Tauchen, Tennis, Wandern

## Wintersport

Langlaufen, Rodeln

## Kulinarisches

Traunsee-Fische (Reinanken, Saibling), Traunkirchner Torte

## ➤ Weiterfahrt

Traunkirchen–Gmunden: 9 km; weiter auf der B 145 am Traunsee entlang, über Altmünster nach Gmunden.

Gmunden am Traunsee

# Gmunden

Wo der „lacus felix", der glückliche See, wie die Römer ihn nannten, wieder in die Traun mündet, liegt mitten in Österreich eine Kleinstadt am Mittelmeer. Mit diesem ersten Eindruck sieht sich der Besucher in Gmunden am Traunsee konfrontiert. Kein Wunder, dass die Gmundner Landschaft mit ihrer natürlichen Schönheit und Vielfalt in Verbindung mit dem See und waldigen Bergen schon die römerzeitlichen Städter aus Salzburg und Wels an den Traunsee lockte.

Vor allem der Salzwirtschaft hat die Stadt am Traunsee ihren rasanten Aufstieg vom einfachen Fischerdorf an der Traun zum bekannten Mittelpunkt des Kammergutes zu verdanken, und in weiterer Folge die Entwicklung zur reichen Bürgerstadt. In der Renaissance begründeten die Kaiser Friedrich III., Maximilian I. und Friedrich I. durch ihre Besuche des „Gmundner Landes" eine enge Verbundenheit der Habsburger mit dieser Region.

Mit der Entwicklung zum beliebten Reiseziel – nicht zuletzt auf Grund neuer Kureinrichtungen – ging auch der Bau einer Pferdeeisenbahn bis Gmunden einher. Sie wurde 1836 eröffnet. Nach dem Niedergang der Salzwirtschaft profitierte Gmunden im 19. Jahrhundert von einem unerwarteten wirtschaftlichen Aufschwung durch die zahlreichen Gäste. Auch Angehörige des hohen, mittleren und niederen Adels sowie namhafte Künstler zogen das Jahr oder den Sommer über nach Gmunden – nicht nur um der kaiserlichen Sommerresidenz in Bad Ischl nahe zu sein. Das Haus Habsburg-Lothringen – Großherzöge der Toskana bis 1859 – erbaute sich in Gmunden gar eine eigene „Toscana". Auf der Halbinsel dieses Namens steht heute ein modernes Kongresszentrum, in das auch die Villa Toscana integriert ist.

Gleich daneben steht das Landschloss Ort, 1626 errichtet und heute Ausbildungsstätte der Österreichischen Bundesforste. Im Hof sind bemerkenswerte Wappenfresken und ein schmiedeeiserner Rokokobrunnen zu sehen. Noch augenfälliger ist jedoch das Seeschloss Ort, das aus den Resten eines Römerkastells hervorgegangen ist und schon 909 als „Veste Orth" erwähnt wird. Schloss Ort liegt auf einer Insel im Traunsee und ist mit dem Festland durch einen langen Holzsteg verbunden. Auffallend ist der dreieckige Innenhof mit Laubengängen und spätgotischer Außentreppe. Kommt Ihnen die Kulisse bekannt vor? Seit 1996 wird hier die Fernsehserie „Schlosshotel Orth" gedreht. Auf diesem Weg hat sich Schloss Ort – das im wirklichen Leben kein Hotel, sondern ein Restaurant beherbergt – zu einem höchst beliebten Ort für Hochzeiten entwickelt.

Land- und Seeschloss Ort liegen am Gmundner Jahrtausendweg, der die Geschichte Gmundens und des Traunsees für jedermann anschaulich darstellt. Von der geologischen Entstehung der Nördlichen Kalkalpen bis zum Aufstieg Gmundens zur modernen Kurstadt berichten 14 Stationen, die in zwei Wegstrecken aufgeteilt sind.

Zentrum und Esplanade Gmundens wird der Besucher ohnehin entdecken. Kleine Durchgänge, verwinkelte Gassen und Innenhöfe der Altstadt sind zum Teil erst vor wenigen Jahren der Öffentlichkeit zugänglich gemacht worden. Sie unterstreichen die südländische Atmosphäre Gmundens ebenso wie der zum Traunsee offene Rathausplatz, auf dessen Renaissance-Rathaus das Stadtwappen thront. Hier erklingt fünfmal täglich das einzige Keramikglockenspiel Österreichs. In der Stadtpfarrkirche steht seit 1678 ein den Hl. Drei Königen geweihter Schwanthaler-Altar, sowie eine Keramik-Maria (Schutzmantelmadonna). Sie ist aus Dankbarkeit darüber aufgestellt worden, dass Gmunden von den Kriegen verschont geblieben ist.

Keramikglockenspiel und Keramik-Maria sind nicht zufällig hier zu finden. Seit 500 Jahren wird in Gmunden Keramik hergestellt, seit 1625 gibt es eine Handwerksordnung der Gmundner Hafner. Die „Geschirrmacher" waren zu dieser Zeit bereits groß im Geschäft, transportierten ihre Waren mit Schiffen flussabwärts bis nach Wien. 1903 gründete Leopold Schleiß die Gmundner Tonwarenfabrik, die heute weltberühmte Gmundner Keramik, die größte Keramikmanufaktur Mitteleuropas. Jedes einzelne Stück wird hier – wie man sich bei Werksführungen überzeugen kann – in 60 Arbeitsgängen handgefertigt, bevor es zum Verkauf angeboten wird. Eine zusätzliche Attraktion in der Keramikstadt Gmunden ist seit 1989 der internationale Töpfermarkt, der jährlich am letzten Augustwochenende stattfindet.

Landschaftliches Wahrzeichen Gmundens ist unübersehbar der 1691 Meter hohe Traunstein, der quasi direkt aus dem Traunsee ragt. Eigentlicher Hausberg der Gmundner ist jedoch der Grünberg, auf den eine Gondelseilbahn führt. Beliebtes Wanderziel ist hier der Laudachsee.

## Geschichte

**um 909** urkundlich erstmals erwähnt (bedeutende Keltensiedlung); gleichzeitig erste urkundliche Erwähnung der „Veste Ort"

**1278** Gmunden wird landesfürstliche Stadt; befestigter Salzhandelsplatz

**1301** Pfarrgründung; Gmunden wird ein Wappen verliehen

**1596** Schloss Weyer erbaut

**1626** Landschloss Ort errichtet

**1634** Brand und Wiederaufbau des Seeschlosses Ort

**1678** Thomas Schwanthaler errichtet Hochaltar mit Dreikönigsgruppe in der Pfarrkirche (einziger Dreikönigsaltar Österreichs)

**18. Jh.** Sommerfrische für Aristokraten, Dichter, Maler und Komponisten; Entwicklung zum Kur- und Fremdenverkehrsort

**1836** Eröffnung der ersten Bahnlinie Europas von Gmunden nach Linz und Budweis (Pferdeeisenbahn)

**1862** Ernennung zum Kurort

### Bedienungsanleitung eines „Closets"

„Nach jedesmaligem Gebrauch ist das Closet zu spülen, bei eintretendem Frost mit Salzwasser nachzuspülen und die Abortfenster geschlossen zu halten. Scheuerwässer, Asche u.s.m. dürfen nicht eingeschüttet werden. Das Papier darf nicht größer sein als diese Tafel. Jede Unregelmäßigkeit im Funktionieren des Closets ist dem Besitzer sofort anzuzeigen und wird jede Reparatur, die nicht auf natürliche Handhabung zurückzuführen ist, auf Kosten des Miethers gemacht werden. Der Besitzer." Postkarte um 1900, ausgestellt im Klo & So-Museum

### Straßenbahn der Rekorde

Die Gmundner Straßenbahn ist durch ihre zahlreichen Rekorde weltberühmt geworden. Zunächst ist sie mit einer Streckenlänge von ganzen 2,3 km der kleinste Straßenbahnbetrieb Europas, gleichzeitig die älteste in Betrieb befindliche elektrische Bahn Österreichs. Mit 9,5 Prozent Gefälle zählt die Gmundner Tramway gar zu den steilsten sog. Adhäsionsbahnen der Welt. Mit nur sechs Mann werden täglich 70 Züge geführt, die Wartungsarbeiten an den Fahrzeugen erledigt und die Schienen geschmiert, die nur dann quietschen, wenn das Wetter umschlägt.

1870/71 Die „Gisela", einer der ältesten Raddampfer der Welt, wird gebaut (heute noch in Betrieb)

1876 Erzherzog Johann Salvator (Neffe Kaiser Franz Josephs) erwirbt Schloss Ort

1894 Straßenbahnbetrieb in Gmunden eröffnet

1853 Kaiser Rudolph fügt dem Wappen den „Salztrauner" (Schiff) hinzu

1869 Schloss Villa Toscana erbaut

1903 Gründung der Gmundner Tonwarenfabrik durch Leopold Schleiß (Gmundner Keramik)

1919 Seeschloss Ort dem Bund übergeben

1958 Keramikglockenspiel wird im Rathaus angebracht

1989 Gründung des Gmundner Töpfermarktes

1995 Seeschloss Ort kommt in Besitz der Stadt Gmunden

seit 1996 Seeschloss Ort ist Schauplatz der TV-Serie „Schlosshotel Orth"

1998 Eröffnung des Museums „Klo & So" im traditionsreichen Pepöckhaus in der Innenstadt

Seeschloss Ort auf einer Insel im Traunsee, 909 als „Veste Orth" erstmals erwähnt

Renaissance-Rathaus Gmunden mit Keramikglockenspiel

Region: Salzkammergut
Einwohner: 15.000
Seehöhe: 420 m

Kurverwaltung Gmunden
Am Graben 2
A - 4810 Gmunden
Tel.: +43 (0)7612 74451
Fax: +43 (0)7612 71410
e-mail: traunsee@upperaustria.or.at
Internet: www.tiscover.com/traunsee

## Besonders sehenswert

**Historische Altstadt** mit prächtigen Bürgerhäusern

**Renaissance-Rathaus** mit Keramikglockenspiel (Spielzeiten: 10, 12, 14, 16 und 19.00 Uhr)

**Seeschloss Ort:** Sitz des Standesamtes, beliebte Hochzeitskapelle, Schauplatz der TV-Serie „Schlosshotel Orth"

**Gmundner Keramik;** Werksführungen Mo–Do 9–14.30 Uhr, Fr 9–12.00 Uhr, Werkverkauf: Mo–Fr 9–18.00 Uhr, Sa 9–13.00 Uhr

**Klo & So: Museum für historische Sanitärobjekte;** geöffnet Mai–Oktober, Di–Sa 10–12.00 Uhr, 14–16.00 Uhr, So und Feiertag 10–12.00 Uhr.

Raddampfer Gisela aus dem Jahr 1871

Straßenbahn aus dem Jahr 1895

Kongresszentrum Toscana Congress

## Feste

5. Januar: Glöcklerlauf und Ankunft der Hl. Drei Könige
4. Fastensonntag: „Liebstattsonntag"
Juli: Märchentage
Juli–August: Gmundner Festwochen
August: Lichterfest mit Klangfeuerwerk
letztes Wochenende im August: Internationaler Töpfermarkt

## Sommersport

Beachvolleyball, Fischen, Golfen, Radfahren, Schwimmen, Segeln, Surfen, Tauchen, Tennis, Wandern, Wasserski

## Wintersport

Eislaufen, Eisstockschießen, Eistauchen, Langlaufen, Schneewandern, Schifahren, Rodeln

## Kulinarisches

Traunsee-Fische, Bärlauchgerichte, Gmundner Schwaneneier, Schloss Ort Torte

## ➤ Weiterfahrt

Gmunden–Scharnstein: 16 km; auf der B 120 Richtung Osten über St. Konrad nach Scharnstein.

Gemeinde Scharnstein im oberösterreichischen Almtal

# SCHARNSTEIN

Stille Wasser sind tief. Die 5000-Seelen-Gemeinde Scharnstein legt stichhaltige Beweise für den Wahrheitsgehalt dieses Spruches vor. Natürlich fällt die romantische Landschaft rund um den Ort ins Auge, doch in Scharnstein selbst bedarf es eines zweiten Blickes, um in die geschichtlich-kulturellen Reichtümer einzutauchen, die der Ort im Almtal zu bieten hat.

Allen voran steht das Schloss Scharnstein mit seinen beiden Museen. Berühmt-berüchtigt ist das Scharnsteiner Kriminalmuseum, 1973 unter dem noch harmloser anmutenden Namen „Strafrechtsmuseum" eröffnet. Was den Besucher hier erwartet, ist nichts für schwache Nerven. Von grausamen Relikten aus der Folterkammer bis hin zu detailliert recherchierten Kriminalfällen der jüngeren Zeit ist hier alles ausgestellt, was Krimiautoren blass aussehen lässt. Das Oberösterreichische Gendarmerie Museum ergänzt die Geschichte des österreichischen Justiz- und Sicherheitswesens in den Gewölben des Schlosses.

Wer sich dem Anblick mittelalterlicher Folterwerkzeuge nicht aussetzen will, dem sei das Museum gleich nebenan empfohlen. Seit 1998 beherbergt Schloss Scharnstein auch das Museum der Österreichischen Zeitgeschichte. Mit Akribie hat Schlossbesitzer Harald Seyrl eine in dieser Form einzigartige Ausstellung zusammen gestellt. Das gesamte 20. Jahrhundert in Österreich wird auf mehr als 800 m² in den historischen Räumen des Renaissanceschlosses unter die Lupe genommen. An Hand von unzähligen Objekten und Bildern, hinter denen oft kuriose Geschichte stehen, unternimmt der Besucher eine faszinierende Reise durch Vergangenheit und Gegenwart.

Geschichtsträchtig ist auch die alte Sensenschmiede an der Alm. Noch bis 1987 breiteten hier die Hammerherren und Essmeister Stahl unter dem schweren Hammer zu Sensen. Nach zahlreichen Höhen, Tiefen und Besitzerwechseln ging der von mächtigen Wasserrädern betriebene Hammer 1858 an den Meister Johann Geyer, nach dem er noch heute benannt ist. Schwerpunkt des heutigen Museums ist die Industrialisierung im 19. Jahrhundert, jener Zeit, als das Scharnsteiner Werk zum größten Sensen- und Sichelproduzenten der k. u. k. Monarchie aufstieg. Ausgestellt ist auch die größte Sense, die je aus einem Stück geschmiedet wurde, ein Schaustück von über zwei Meter Länge.

Vom Museum Geyerhammer führt ein romantischer Wanderweg durch das Tießenbachtal zur frei zugänglichen Burgruine Scharnstein. Sie liegt auf steilem Felsen – der Name Scharnstein dürfte mit dem mittelhochdeutschen „schar" = steil, schroff zusammenhängen. Um 1100 wurde die Burg erbaut, wechselte mehrmals die Besitzer, bis sie 1538 durch einen Brand bis auf die Grundmauern zerstört wurde. Das Geld, das ihm für den Wiederaufbau zur Verfügung stand, investierte der damalige Eigentümer jedoch in eine andere Immobilie: er baute das Schloss Scharnstein.

## Geschichte

1200–800 v. Chr. Besiedlung, Urnenfelderkultur

777 n. Chr. Bayernherzog Tassilo III. gründet das Kloster Kremsmünster mit reichen Besitzungen im Almtal

um 1100 Burg Scharnstein wird erbaut

1159 erste Kirche in Viechtwang wird fertig gestellt

1189 66 Kremsmünster untertänige Häuser im Herrschaftsverzeichnis eingetragen („Viechtwanger Amt")

1204 erste urkundliche Erwähnung der Burg und des Heinricus de Scharnsteine (Lehensherr)

1474 Scharnstein wird Sitz eines Landesgerichts

1499 Kaiser Maximilian I. erwirbt die Herrschaft Scharnstein

1538 Burg Scharnstein brennt bis auf die Grundmauern nieder

1584 Helmhart Jörger erwirbt die Herrschaft und Schloss Scharnstein von Kaiser Rudolph II.

1586 Gründung der Scharnsteiner Sensenwerke

### „böß verwarlosung" des „rauchfanckhs"

Am 26. Januar 1538 bricht in der Burg Scharnstein „durch böß verwarlosung dass ain rauchfanckh nicht khert worden", wie später die kaiserlichen Kommissare fanden, „durch unversehen, unfall und eigenfeuer", wie der Pfleger Wanter sich ausdrückte, ein verheerender Brand aus, der zuerst die Dachung ergriff und schließlich die Burg bis auf die Mauern einäscherte. – (aus einem Geschichtsbuch der Herrschaft Scharnstein)

1595–97 Schloss Scharnstein wird von Bauern besetzt (zweiter Bauernkrieg in Oberösterreich)

1625 Herrschaft Scharnstein an Stift Kremsmünster verkauft

1691 heutige Kirche von Viechtwang wird erbaut

1849 Ende der Grundherrschaft auf Schloss Scharnstein; es entsteht die k. u. k. Bezirkshauptmannschaft; Gemeindegründung Viechtwang

### Austria? Sense!

„Gewiss nicht überfordert wird unser heutiges Denkvermögen durch die Tatsache, dass in Ländern der sogenannten Dritten Welt der ‚Steyr'-Traktor als Österreichs Visitenkarte schlechthin gilt. In manchen orientalischen Ländern allerdings kann es schon passieren, dass sich die Runzeln der Unverständlichkeit in der Stirn des technikgewöhnten Zeitgenossen furchen. ‚Austria!, er nennt seine Herkunft, löst reges Interesse damit aus, erhält aber, sofern er die fremde Sprache beherrscht, eine völlig unerwartete Antwort: Sense!'" (aus dem Artikel: „Die Sense im Korn" von Klaus Hirtner)

1881 Firma Redtenbacher übernimmt Sensenwerke; Industrialisierung der Sensenerzeugung

1967 Harald Seyrl erwirbt die Schlossgebäude

1973 Eröffnung des Strafrechtsmuseums (Kriminalmuseum)

1987 Einstellung der Sensenerzeugung

1992 Eröffnung des Sensenschmiedemuseums Geyerhammer

1998 offizielle Eröffnung des Museums der Österreichischen Zeitgeschichte

Schloss Scharnstein, Standort zweier Museen

Region: Salzkammergut
Einwohner: 4866
Seehöhe: 501 m

Tourismusverband Scharnstein
Hauptstraße 13
A - 4644 Scharnstein
Tel.: +43 (0)7615 2340
Fax: +43 (0)7615 225530
e-mail: tvscharnstein@netway.at
Internet: www.tiscover.com/scharnstein

## Besonders sehenswert

Kriminalmuseum und Oberösterreichisches Gendarmeriemuseum (im Schloss Scharnstein); geöffnet 1. Mai–15. Oktober, täglich außer Mo 9–12.00 Uhr und 13–17.00 Uhr

Museum der Österreichischen Zeitgeschichte (im Schloss Scharnstein); geöffnet 1. Mai–15. Oktober, täglich außer Mo 9–12.00 Uhr und 13–17.00 Uhr

Reptilienzoo im Schloss Scharnstein; geöffnet 1. Mai–15. Oktober täglich außer Mo 9–17.00 Uhr

Museum Geyerhammer: Sensenmuseum an der Alm; geöffnet 1. Mai–1. November Sa, So und Feiertage, 9–12.00 Uhr und 14–17.00 Uhr

Sensenmuseum Geyerhammer – bis 1987 wurden hier Sensen erzeugt

Burgruine Scharnstein, um 1100 erbaut, 1538 durch Brand zerstört

## Feste

Juli: Dorffest

## Sommersport

Reitturniere, Segelfliegen, Tennis, Wandern,

## Wintersport

Langlaufen, Winterwandern

## Kulinarisches

„Almtaler" (Schokoladen-Taler der Konditorei Mittermaier)

## ➤ Weiterfahrt

Scharnstein–Grünau im Almtal: 6 km; Richtung Süden der genauen Beschilderung folgend (Grünau, Almsee), wunderschöne Strecke tief ins Almtal hinein.

# Grünau

Ein letztes Mal auf unserer Route spielt das Salzkammergut seine Trümpfe aus. Smaragdfarbenes Wasser, dunkler Wald, helle Wiesen, saftige Almen. Dazu im Frühjahr das Weiß der Narzissen und gleißender Schnee auf den Bergen. Kein Wunder, dass sich Konrad Lorenz hier wohl gefühlt hat. Der berühmte Verhaltensforscher und Nobelpreisträger hatte sich Grünau im Almtal zu seiner Wahlheimat auserkoren.

1973 übersiedelte Lorenz mit seinen Graugänsen von Seewiesen bei Starnberg nach Grünau und gründete hier die Konrad-Lorenz-Forschungsstelle. Sie liegt bewusst etwas versteckt zwischen Grünau und Almsee, nicht weit entfernt vom ganzjährig geöffneten Cumberland-Wildpark. Konrad Lorenz starb 1989, doch sein Werk wird bis heute weiter geführt. Nach wie vor werden hier – nunmehr im Auftrag der Universität Wien – an den Graugänsen Mechanismen sozialen Zusammenlebens untersucht, auch wird die Langzeitentwicklung ihres Gruppenlebens beobachtet. Die Aufmerksamkeit der Forscher gilt aber auch den Kolkraben und Waldrappen. Gerne berichten die Experten selbst: Öffentlich zugänglich ist die Konrad-Lorenz-Forschungsstelle jeden Dienstag mit einer Führung um 15.00 Uhr.

„Hier hält die Stille", schrieb der unübertroffene Landschaftsschilderer Adalbert Stifter vor 150 Jahren über die Seen im inneren Almtal. Und der Anblick der majestätischen Bergkulisse des Toten Gebirges und des idyllisch im Landschaftsschutzgebiet eingebetteten Almsees hat sich seitdem nicht geändert. In diesem einzigartigen Ambiente findet seit 1971 in den Sommermonaten das Echoblasen am Almsee statt. Jeden Mittwoch um 19.30 Uhr positionieren sich die Blasinstrumentalisten am Echoplatzl direkt am Almsee, um den Bergen ein Echo zu entlocken. Aus diesem Brauch hat sich das sehr beliebte Bläserfest entwickelt hat. Jährlich im August strömen zahlreiche Musik- und Naturliebhaber nach Grünau, um gemeinsam zu musizieren oder dem harmonischen Zusammenspiel von Natur und Musik zu lauschen.

◄ Almsee im Salzkammergut

Exklusiv für die Jüngeren ist das Kinderland Schindlbach mit seinem Märchenwald eingerichtet. Hier gibt der Märchenerzähler am urigen Heuboden Volksmärchen und Sagen zum Besten, und Nachwuchstalente üben sich beim Steuern der Elektroboote und -autos oder Go-Carts.

Rothirsche und Gemsen, Iltisse und Wölfe, Luchse und Braunbären tummeln sich im Wildpark Cumberland. Mehr als 500 Tiere in 70 Arten sind hier auf einer Fläche von 60 Hektar beheimatet. Durch den Wildpark führen kilometerlange Wanderwege.

Der Cumberland-Wildpark ist übrigens auch im Winter täglich geöffnet, die Wanderwege werden geräumt. In der kalten Jahreszeit lockt außerdem das Schigebiet Kasberg-Grünau mit 40 km präparierten Abfahrten aller Schwierigkeitsgrade, und der zugefrorene Almsee wird zum beliebten Treffpunkt für Eisläufer, Eisschützen und Wanderer.

## Geschichte

**1160** erstmals Name „Gruona“ erwähnt unter Graf Adalbero von Lambach

**1250** vermutlich erste eigene Pfarre in Grünau

**1278** Grünau unter der Herrschaft Scharnstein

**1418** Grünau geht an Scharnstein über; Kirche seither dem hl. Jakobus d. Ä. geweiht

**1625** Stift Kremsmünster erwirbt Grünau und Scharnstein

**1694** Pfarre Grünau wird dem Kremsmünsterer Seelsorgebereich eingegliedert

**1695** Bau der heutigen Kirche (1710 fertig gestellt)

**1849** Gemeindegründung Grünau im Almtal

**1854–68** Loslösung von Scharnstein

### … ein Blick in den heimischen Kochtopf

Man nehme 12 Monate, putze sie ganz sauber von Bitterkeit, Stolz, Geiz, Neid, Pedanterie und Angst. Man zerlege jeden Monat in 30 oder 31 Teile, so dass der Vorrat genau für ein Jahr reicht. Jeder Tag besteht aus einem Teil Arbeit und Ruhe, zwei Teilen Frohsinn und Humor. Man füge drei gehäufte Esslöffel Optimismus hinzu, einen Teelöffel Toleranz, ein Körnchen Ironie und eine Prise Takt. Dann wird die Masse sehr reichlich mit Liebe übergossen. Das fertige Gericht schmükke man mit Sträußchen kleiner Aufmerksamkeiten. Man serviere es täglich mit Heiterkeit und gutem Willen. – (aus der Almtaler Ferienpost)

**1866** kämpft Welfenherzog König Georg von Hannover an der Seite Österreichs gegen Preußen. Er verliert Thron und Besitz, verlässt sein Land. Kaiser Franz Joseph gewährt dem Verbündeten Asyl und Ankauf von Besitz in Gmunden und Grünau

**Anfang 20. Jh.** Entwicklung zur Sommerfrische

**1951** Fremdenverkehrsgemeinde

**1967** Sessellift, Schlepplifte Kohlerau–Farrenau

**1970** Ernst August Prinz von Hannover errichtet Wildpark

### Jetzt sag´ Du!

„Legen Sie doch auf dem Weg zum Hochberghaus eine Gedenkminute ein – und zwar bei genau 1000m Seehöhe. Denn nach alpenländischem Brauch können Sie höher oben anzutreffende Menschen mit „Du" ansprechen! Damit Sie diese 1000 m-Marke nicht übersehen (und irrtümlicherweise förmlich bleiben), haben wir ein Denkmal gesetzt – der Welt einzigen DU-STEIN an der Bergstraße Farrenau." (aus der Almtaler Ferienpost)

**1971** erstes Echoblasen am Almsee

**1973** Konrad Lorenz übersiedelt Graugänse von Seewiesen bei Starnberg nach Grünau, Konrad-Lorenz-Forschungsstelle (KLF) entsteht

**1976** Kasbergalmstraße, Kasberglifte

**1989** stirbt Konrad Lorenz

**1990** Abteilung für Ethologie des Zoologischen Institutes der Universität Wien übernimmt Konrad-Lorenz-Forschungsstelle

Grünau im Almtal

Region: Salzkammergut
Einwohner: 2100
Seehöhe: 527 m–2515 m

Tourismusverband Almtal
Almseestraße 299
A - 4645 Grünau
Tel.: +43 (0)7616 8268
Fax: +43 (0)7616 8895
e-mail: gruenau.almtal@upper-austria.or.at
Internet: www.tiscover.com/gruenau

## Besonders sehenswert

**Cumberland-Wildpark,** mehr als 500 Tiere und 70 Arten auf 60 ha; ganzjährig geöffnet, April–Oktober 9–18.00 Uhr, November–März 11–16.00 Uhr, Sa, So, Feiertag 9–16.00 Uhr; Führungen auf Anfrage

**Konrad-Lorenz-Forschungsstelle,** Verhaltensforschung an Kolkraben und Graugänsen; Führungen ganzjährig dienstags, 15.00 Uhr

**Kinderland Schindlbach,** Freizeit- und Märchenparadies; geöffnet Juli–Mitte September täglich 10–18.00 Uhr, April–Juni und Mitte September–Ende Oktober Sa, So und feiertags 10–18.00 Uhr

Konrad-Lorenz-Forschungsstelle, versteckt zwischen Grünau und Almsee

## Feste

Mitte Juni–Mitte September, jeden Mittwoch, 19.30 Uhr: Echoblasen am Almsee
Wochenende nach dem 15. August: Bläserfest am Almsee
2. Sonntag im September: Almabtrieb vom Kasberg

## Sommersport

Bergsteigen, Fischen, Radfahren, Wandern

## Wintersport

Schifahren, Snowboarden (Schigebiet Kasberg); Eislaufen, Langlaufen, Eisstockschießen (Natureisfläche Almsee), Winterwandern

## Kulinarisches

Almtaler

## ➤ Weiterfahrt

Grünau im Almtal–Kremsmünster: 35 km; zurück nach Scharnstein, von dort auf der B 120 östlich Richtung Pettenbach; über Wartberg an der Krems (Beschilderung) nach Kremsmünster.

Cumberland-Wildpark, ganzjährig geöffnet

Stift Kremsmünster in der oberösterreichischen Region Pyhrn-Eisenwurzen

# Kremsmünster

Auf dem Weg von Grünau nach Kremsmünster haben wir – kurz nach Pettenbach – das Salzkammergut verlassen. Wir befinden uns nun in der Region Pyhrn-Eisenwurzen. In der hügeligen Landschaft des oberösterreichischen Voralpenlandes tauchen schon von weitem die Mauern des Stifts auf.

Der Sage nach beruht der Bau des mächtigen Stiftes Kremsmünster auf einer Tragödie. Gunther, Sohn des vor über tausend Jahren hier herrschenden Bayernherzogs Tassilo, soll bei der Jagd von einem Eber tödlich verletzt worden sein. An der Unglücksstelle erschien dem trauernden Vater ein Hirsch, zwischen dessen Geweih er ein Licht flackern sah, das langsam die Form eines Kreuzes annahm. Tassilo beschloss, seinem Sohn an dieser Stelle eine Kapelle zu bauen, die später eine stattliche Kirche wurde und in weiterer Folge das Kloster Kremsmünster. So erklären sich auch die Abbilder des Ebers und des Jagdhundes im Stiftswappen.

Vom ursprünglichen Klosterbau Tassilos haben sich keine Reste bis heute gehalten. Sehr wohl jedoch bewahrt das Stift Kostbarkeiten, die sowohl mit der Gründungszeit als auch mit dem Gründer in engem Zusammenhang stehen. Zwei davon ragen als Zeugnisse der Weltkunst heraus: der Tassilo-Kelch und der Codex Millenarius. Verwendungszweck, Entstehungsort und -zeit des Tassilo-Kelches sind bis heute nicht gänzlich geklärt. Die Inschrift am Kelchfuß setzt jedoch die Hochzeit des Herzogs voraus und lässt nur eine Entstehung nach 768/69 zu, spätestens jedoch 788. Der Tassilo-Kelch ist das Hauptwerk der karolingischen Goldschmiedekunst. Die lateinische Evangelienhandschrift, der Codex Millenarius, wurde um 800 in Mondsee geschrieben. Ihre acht Illuminationen zeigen die vier Evangelisten und ihre Symbole in jeweils ganzseitigen Darstellungen.

Neben der Schatzkammer sind die Stiftskirche, der Kaisersaal (erbaut 1693–95, monumentales Deckenfresko), die Stiftsbibliothek mit rund 160.000 Bänden und die Schausammlung des Stifts für jeden Besucher Kremsmünsters Pflichtprogramm. Als bauliches Wahrzeichen Kremsmünsters gilt die Sternwarte. Sie ist gleichzeitig ein historischer Ausgangspunkt der modernen Hochhausarchitektur – „Den Thurn von innen mit Augen zu sehen braucht es viel Schnaufen und Stiegensteigen“, schrieb 1764 P. Laurenz Doberschiz –, und der erste erhaltene, selbständige Museumsbau. In den neun Stockwerken wurde ein Universalmuseum eingerichtet, in dem man von der unbelebten über die belebte niedere Natur zu menschlicher Wissenschaft und Kunst, weiter zum Kosmos und schließlich – ganz oben – zur Betrachtung Gottes geleitet wird. In der Sternwarte ist aber auch das „Wetterkammerl“ untergebracht, in dem seit 1763 meteorologische Beobachtungen angestellt werden. Keine andere Wetterstation der Welt verfügt über solch eine lange, ununterbrochene Messreihe.

Ebenfalls seinesgleichen sucht das Musikinstrumentenmuseum „Musica Kremsmünster“ im Schloss Kremsegg – gleich gegenüber dem Stift. Nirgends auf der Erde sind so viele seltene, historisch bedeutende Blasinstrumente ausgestellt wie hier – über 1000 Stück! Von der ältesten Sopranzugposaune der Welt und einem Solotenorhorn des russischen Zaren Alexander III. über Elfenbeintrompeten bis zu Jazztrompeten von Luis Armstrong und Dizzy Gillespie reicht die Palette. Mit Instrumenten, Noten, Büchern, Tonträgern, Bildern und Figuren kommt die „Musica Kremsmünster“ auf rund 10.000 Ausstellungsgegenstände.

Zahlreiche Rad- und Wanderwege sind in und um Kremsmünster ausgewiesen. Zwei davon vermitteln an 14 bzw. 18 Stationen einen besonders guten Einblick in die kulturell bedeutende Ortsgeschichte – der Adalbert Stifter Kulturweg und der Wolfgangweg. Beide berühmten Persönlichkeiten hatten mit Kremsmünster zu tun: der Schriftsteller und Maler (1805–1868) als Schüler des Stiftsgymnasiums (1818–26), der Kirchenmann, dem wir schon am Wolfgangsee begegnet sind, der dem Stift vermutlich 970 die Ehre erwies.

Tassilokelch (um 777), Hauptwerk der karolingischen Goldschmiedekunst

## Geschichte

**777** Bayernherzog Tassilo III. – Cousin Karls des Großen, Sohn Odilos, der 748 das Kloster Mondsee gegründet hatte – gründet das Kloster; Schenkung des Tassilokelches

**788** Absetzung und Ächtung Tassilos durch Karl den Großen

**um 970** vermutlich hl. Wolfgang in Kremsmünster

**10. und 11. Jh.** massive Besitzeinbußen und Bedeutungsverlust des Stiftes

**1232** völliger Neubau der Kirche nach wiederholten Bränden

**1283–99** Burg „Crembseck“ entsteht (Vorgänger des heutigen Schlosses Kremsegg)

### Stiftsgymnasiast Stifter

„In Kremsmünster, das in einer der wundervollsten Gegenden der Erde liegt, lernte ich die Alpen kennen, die ein paar Meilen davon im Süden liegen.“ Adalbert Stifter beschreibt den Ort, in dem er von 1818–1826 das Stiftsgymnasium besuchte. Diese acht Jahre haben den berühmten Schriftsteller und Maler entscheidend geprägt. In dem Roman „Nachsommer“ hat er seine Kremsmünsterer Zeit literarisch verarbeitet.

**1299** erste urkundliche Erwähnung des Dorfes Kremsmünster

**13.–15. Jh.** wirtschaftlicher Aufschwung

**1489** Kremsmünster wird von Kaiser Friedrich III. zum Markt ernannt

**1549** Gründung des Stiftsgymnasiums

**16.–17. Jh.** erneuter Niedergang durch Protestantismus, Bauernaufstand und Dreißigjährigen Krieg

**Anfang 17. Jh.** Barockisierung des Klosters

Architekturgeschichtliches Juwel

Zu den ästhetisch ansprechendsten Nutzbauten Europas werden die für die Fischzucht installierten Fischkalter des Stifts Kremsmünster gezählt. Sie sind ein in der europäischen Architekturgeschichte einzigartig gebliebenes barockes Juwel. Zunächst um 1690 gebaut, erhielt die Anlage gegen 1717 unter Stiftsbaumeister Jakob Prandtauer die heutige fünfbeckig-symmetrische Form.

Anfang 18. Jh. Schloss Kremsegg in heutiger Form erbaut

1710 Jakob Prandtauer (1660–1726) wird Stiftsbaumeister

1748–58 Errichtung der Sternwarte als Universalmuseum und klösterliche Forschungsstätte für Naturwissenschaften; erstes Hochhaus Europas

1818–26 Adalbert Stifter ist Schüler des Stiftsgymnasiums

1891 Neubau des Stiftsgymnasiums

1941 Aufhebung des Stiftes durch den Nationalsozialismus

1945 nach Kriegsende Reorganisation des Stifts

1977 Gesamtrestaurierung des Stiftes und 1200-Jahr-Feier

1994 Reaktivierung des Wolfgangwegs (zum 1000. Todestag des hl. Wolfgang)

1995 Eröffnung des Adalbert Stifter Kulturweges

1996 Verein Musica Kremsmünster erwirbt Schloss Kremsegg

Rückseite der Stiftskirche Kremsmünster

Region: Pyhrn-Eisenwurzen
Einwohner: 6800
Seehöhe: 345–488 m

Tourismusverband Kremsmünster
Rathausplatz 1
A - 4550 Kremsmünster
Tel.: +43 (0)7583 7212
Fax: +43 (0)7583 7049
e-mail: tourismus@kremsmuenster.at
Internet: www.tiscover.com/kremsmuenster
www.kremsmuenster.at

## Besonders sehenswert

**Benediktinerstift Kremsmünster:** Stiftskirche (romanische Basilika, im 17. Jh. barockisiert), Kunstsammlung; ganzjährig geöffnet, Ostern–Oktober täglich Führungen 10, 11, 14, 15 und 16.00 Uhr, November–Ostern Di–So 11 und 14.00 Uhr

Sternwarte Kremsmünster, erstes Hochhaus Europas

Musikinstrumenten Museum auf Schloss Kremsegg: weltgrößtes Museum für Blasinstrumente; geöffnet März–Oktober täglich 10–12.00 Uhr und 13–17.00 Uhr, November Mo–Fr wie oben, Sa, So und Feiertag 13–17.00 Uhr, Dezember–Februar nach Vereinbarung

Sternwarte; geöffnet Mai–Oktober, täglich Führungen 10, 14 und 16.00 Uhr

## Feste

Juni–Juli: Stiftskonzerte im Kaisersaal des Stiftes Kremsmünster
August: Bordunmusikfestival

## Sommersport

Radfahren, Reiten, Tennis (Naturrasenplätze), Wandern

## Wintersport

Langlaufen, Tennis

## ➤ Weiterfahrt

Kremsmünster–Wels: 20 km; zunächst nach Sattledt, dort rechts auf die B 138 nach Wels.

Fischkalter des Stiftes Kremsmünster – ein architektonisches Juwel

Historischer Stadtplatz von Wels

# Wels

Bereits in der Römerzeit war Wels auf Grund seiner hervorragenden verkehrsgeografischen Lage eine bedeutende Handelsmetropole, besaß schon damals Stadtrecht und war unter dem Namen Ovilava Provinzhauptstadt von Norikum. 90.000 $m^2$ war Ovilava groß, hatte eine vier Kilometer lange Stadtmauer und ein Territorium, das beinahe das gesamte Bundesland Oberösterreich südlich der Donau umfasste. Die römische Geschichte wird bei einem Bummel durch die Stadt und beim Spaziergang auf dem Römerweg mit seinen 14 Stationen wieder lebendig.

Als charmante Kleinstadt präsentiert sich Wels im Herzen Oberösterreichs heute. Klein ist jedoch relativ, denn die Messe- und Einkaufsstadt ist mit ihren rund 60.000 Einwohnern die größte Stadt entlang der Österreichischen Romantikstraße. Prachtvolle Bürgerhäuser aus allen Stilepochen schmücken die historische Altstadt. Erst in den letzten Jahrzehnten hat Wels viel von seinem ursprünglichen Charakter zurück erhalten, sind doch zahlreiche Gebäude des Mittelalters, der Gotik, der Renaissance, des Barock, des Historismus und des Jugendstils revitalisiert worden. Herausragendes und jüngstes Beispiel dafür ist das ehemalige Minoritenkloster aus dem 13. Jahrhundert. Es wurde für die Oberösterreichische Landesausstellung 2000 adaptiert und renoviert, womit für Wels in alten Mauern ein neues Ausstellungs- und Veranstaltungszentrum erschlossen wurde.

Kulturzentrum ist heute auch die Burg Wels, erbaut durch eingewanderte Baiern bereits im 8. Jahrhundert n. Chr. Sie beherbergt die Sammlung zur Stadtgeschichte, ein landwirtschaftliches Museum und ein volkskundliches Archiv. In ihren Mauern starb am 12. Januar 1519 Kaiser Maximilian I., der oft und gern in Wels weilte. Sechs Jahre zuvor hatte ein reisender Handwerkergeselle aus Nürnberg in Wels sein musisches und poetisches Talent entdeckt: Hans Sachs, späterer Meistersinger zu Nürnberg, verfasste in Wels seine ersten Werke. Diesen folgten rund 5000 weitere, bis er sich 1536 – 25 Jahren später – in einem Gedicht an seine „blühenden Jugendtage zu Wels“ erinnerte.

Überhaupt scheint Wels ein fruchtbarer Boden für Kultur zu sein. Alljährlich im Juni zieht das Wagner-Festival zahlreiche Besucher in seinen Bann. Im Juli und August pulsiert die kleine Stadt während des bereits traditionellen Porträtsommers. Akademisch ausgebildete russische Künstler bieten jedermann die Gelegenheit, sich ins rechte Bild setzen zu lassen. Mitte August folgt dann der Mittelalterliche Markt, der Einheimische und Besucher zwei Tage lang in die Welt der Ritter und Burgfräulein entführt.

Zurück in die Gegenwart: Das Flaggschiff im Welser Messekalender, die Internationale Landwirtschaftsmesse, verbucht alle zwei Jahre fast eine Million Besucher, was sie zur größten Messeveranstaltung Österreichs macht.

Noch ein Österreich-Rekord: Wels ist Österreichs Radfahrstadt Nr. 1, verbucht die meisten Radfahrer im Stadtverkehr. Von Frühling bis Herbst ist auch das idyllische Bauernland rund um die Stadt ein beliebtes Ziel für Radfahrer. Wer Zeit und ein wenig Kondition hat, sollte eine der „Most-Radltouren“ durch die Welser Heide und das hügelige Alpenvorland einplanen, um sich nicht das Picknick unter Obstbäumen, die Rast am Bauernhof oder den prächtigen Blick ins Donautal entgehen zu lassen. Ebenfalls mit dem Rad zu erreichen sind zwei außergewöhnliche Ausflugsziele vor den Toren von Wels: Österreichs größter und schönster Vogelpark befindet sich in Schmiding, sieben Kilometer entfernt, das „Agrarium“ mit seinen 60 verschiedenen Themengärten in Steinerkirchen bei Wels (11 km).

## Geschichte

**um 400 v. Chr.** vermutlich keltische Siedlung

**117–138 n. Chr.** Wels erhält unter Kaiser Hadrian Stadtrecht (Municipium Aelium Ovilava)

**2. Jh.** Einfälle der Markomannen und Quaden

**212–217** Wels wird unter Kaiser Caracalla Handelsstadt (Colonia Aurelia Antoniniana Ovilava); Bau der Stadtbefestigung

### Vorsicht, Wehmut!

Verschiedene Szenen sind aufgebaut: Waschtag, Teestunde, Morgentoilette, Krankenzimmer, Nähstube oder Kinderzimmer. Seit 1986 gibt es in Wels das Puppenweltmuseum, die umfangreichste Sammlung alten Mädchenspielzeugs in Österreich. Doch Vorsicht! Für ältere Besucher – so „warnt“ die Broschüre – könnte die Erinnerung an die Kindheit mit ein wenig Wehmut einher gehen ... Schwerpunktthema des Puppenweltmuseums ist im Übrigen die kultur- und sozialgeschichtliche Bedeutung alten Spielzeugs.

**3. Jh.** Einfälle der Alemannen

**5. Jh.** Einfälle der Vandalen; Zerstörungen vermutlich auch durch die Hunnen

**488** Großteil der Römer verlässt das Gebiet (Ufernorikum)

**530–800** Baiern lassen sich im alten Ovilava nieder

**776** Burg Wels urkundlich erwähnt als „Castrum Uueles“

**888** urkundliche Erwähnung einer hölzernen Kapelle am Standort der heutigen Stadtpfarrkirche

### Blühende Jugendtage in Wels

Als man zählt fünfzehnhundert Jahr
Und dreizehne, als ich war
Zu Wels in blühenden Jugendtagen
Mußte mein Sinn sich häufig fragen,
Auf welche Kurzweil ich sollt begeben
Forthin durchaus mein junges Leben.

Auszug aus einem Gedicht von Hans Sachs, verfasst 1536, fast 25 Jahre nach seinem Aufenthalt in Wels

**1281–1283** Gründung des Minoritenkonvents durch den Passauer Bischof Weikhard von Polheim

**1326** Ledererturm erstmals urkundlich erwähnt

**1372** Stapelrecht auf Holz für Welser Bürger (Vorverkaufsrecht; erteilt durch Herzog Albrecht III.)

**1513** Der junge Hans Sachs, späterer Meistersinger zu Nürnberg, stellt in Wels sein Leben in den Dienst der Musen und weiht es der Dichtung.

**1519** Kaiser Maximilian I. stirbt am 12. Januar in der Burg Wels

**1619** Umbau des Ledererturms (heutige Form)

**1635** Aufgabe des Stapelrechts

17. Jh. wirtschaftlicher Niedergang

1748 Aufhebung des Minoritenklosters durch Kaiser Josef II.

1855 regelmäßiger Zugverkehr mit Dampfloks auf der Strecke Linz-Wels-Gmunden

1937 Stadt Wels erwirbt die Burg Wels

1986 Eröffnung des Puppenweltmuseums

2000 Oberösterreichische Landesausstellung zum Thema „Zeit – Mythos – Phantom – Realität" im ehemaligen Minoritenkloster

Burg Wels mit Burggarten

Region: Städtering Linz-Wels-Steyr; Alpenvorland
Einwohner: 60000
Seehöhe: 317 m

Tourismusverband Wels
Kaiser-Josef-Platz 22
A-4600 Wels
Tel.: +43 (0)7242 43495
Fax: +43 (0)7242 47904
e-mail: office@tourism-wels.at
Internet: www.tiscover.at/wels

## Besonders sehenswert

historische Altstadt mit Bürgerhäusern aller Stilepochen

Burg Wels inmitten der Altstadt; kulturelles, museales Zentrum

ehem. Minoritenkloster aus dem 13. Jahrhundert

Puppenweltmuseum; geöffnet Mitte November–Mitte Februar, Di und Sa 14.00–17.00 Uhr, So und Feiertag: 10.00–12.00 Uhr und 14.00–17.00 Uhr; ganzjährig nach telefonischer Anmeldung

Arkadenhof am Stadtplatz Wels

**Vogelpark Schmiding** – Zoologischer Garten, Österreichs größter Vogelpark & Museum der Begegnung; geöffnet Mitte März–Mitte November, täglich 9–17.00 Uhr

## Feste

Juni: Wagner-Festival
Juli–August: Welser Porträtsommer
Juli–August: Sonnenblumenfest „ackern"
August: Mittelalterlicher Markt

## Sommersport

Radfahren („Most-Radltouren" durch die Welser Heide, Kulturradweg), Schwimmen (Erlebnisbad)

## ➤ Weiterfahrt

Wels–Bad Hall: 31 km; zurück nach Kremsmünster, weiter über Rohr im Kremstal auf der B 122 nach Bad Hall.

Detailansicht Burg Wels

Gesundheits-, Kur- und Urlaubsort Bad Hall im oberösterreichischen Voralpenland

# Bad Hall

Nicht, dass Bayernherzog Tassilo die Salzquelle am Sulzbach gefunden oder gar aus dem Hut gezaubert hätte. Auch ist nicht belegt, dass er im 8. Jahrhundert zum ersten Golfprofi des Landes avancierte. Dennoch tragen Therme und Golfplatz im Bad Hall des 21. Jahrhunderts seinen Namen. Das ist darauf zurück zu führen, dass bereits in der Gründungsurkunde des Stiftes Kremsmünster (777) eben diese Salzquelle am Sulzbach vermerkt ist.

Kern des traditionsreichen Gesundheits-, Kur- und Urlaubsortes sind elf Jodsolequellen. Sie ermöglichen eine umfangreiche Behandlung in den Bereichen Herz-Kreislauf, Bewegungsapparat-Gelenke und Atemwege-Bronchien. Einzigartig in Mitteleuropa ist die Bad Haller Augenkur, die sich die heilenden Kräfte der Jodsole zu Nutze macht.

Ob Kurgast oder nicht – in Bad Hall tut der Besucher beinahe zwangsläufig etwas für seine Gesundheit. So lockt der Kurpark – einer der schönsten Parkanlagen Europas – mit Spazier- und Wanderwegen. Schon Adalbert Stifter, Franz Grillparzer und das österreichische Kaiserhaus haben vom besonderen Flair und der Ruhe des Kurparks geschwärmt. Auf seinen 34 Hektar Fläche findet sich ein alter und artenreicher Baumbestand.

Seit 1999 steht im Kurpark eine frei zugängliche Gradiergrotte, ein „Freiluft-Inhalatorium“. Im Innenraum einer kegelförmigen Holzkonstruktion sind Weiß- und Schwarzdornbündel aufgeschichtet. Über die Schichtung rieselt Jodsole, die an den Dornzweigen zerstäubt. Dadurch wird die Luft sehr feucht und mit Jodsole angereichert. Folge: Die oberen Atemwege werden gereinigt. Dem Freiluftinhalieren wird auch eine positive Wirkung bei chronischer Bronchitis, Nasennebenhöhlenentzündungen und Asthma zugesprochen.

Neben den umfassenden Kureinrichtungen, der großen Tassilo-Therme mit Saunalandschaft, dem Sport-Freizeitzentrum und der 18-Loch-Panorama-Anlage des Tassilo Golfclubs hat sich Bad Hall auch als kulturelles Zentrum einen Namen gemacht. Da sind zum einen die Bad Haller Opern-, Operetten- und Musicalfestspiele, die das ganze Jahr über stattfinden, Theateraufführungen im Kurtheater, Kurkonzerte und Ausstellungen im Gästezentrum. Zum anderen hat das Forum Hall in einem Jugendstilbau aus dem Jahre 1908 gleich drei Museen unter einem Dach vereint. Das Handwerkermuseum („Verachtet mir die Meister nicht ...“) stellt 23 Landhandwerke vor, befasst sich mit Arbeit und Leben, Zünften und Bräuchen sowie dem Strukturwandel im Handwerk durch Industrie und Bäderbetrieb. Im Heimatmuseum („Schatzsuche der Vergangenheit“) wird die Entwicklung des Marktes und des Heilbades Hall unter die Lupe genommen. Kostbarkeiten des bäuerlichen und bürgerlichen Lebens stehen im Mittelpunkt. Einzigartig und originell ist das dritte Museum, die Haustürensammlung („Alte Türen erzählen“). Mehr als hundert Türen sind ausgestellt, deren künstlerische Gestaltung eine erstaunlich reiche Symbolik vor Augen führt, in der mitunter auch geheimnisvolle Mystik verborgen ist.

## Geschichte

**ca. 800–400 v. Chr.** Illyrer nennen die aufbrechenden Salzquellen „hal“

**15 v. Chr.–488 n. Chr.** Römerherrschaft, belegt durch mehrere Funde aus dem Jahr 1854

**777** Bayernherzog Tassilo III. gründet das Kloster Kremsmünster, zu dem auch die Salzquelle am Sulzbach (heute „Tassilo-Quelle“) gehört.

> ### Heilendes Kropfbrot
> Beim Besuch des Forums Hall bekommt jeder Besucher eine kleine Flasche Jodwasser mit Rezept für das Bad Haller Kropfbrot in die Hand gedrückt. Von diesem Kropfbrot sagt man, dass es schon von den Wallfahrern im Mittelalter, die ins nahe gelegene Maria Adlwang pilgerten, sehr begehrt war. Später ist es genauer belegt. Ein Freiherr von Hoheneck schreibt 1732: „Außerhalb des Marktes ist ein Gesundt- und Heylbrunnen, dessen Wasser die Kröpf vertreibet und von weiter entlegenen Orten von derlei Patienten geholet wird." (aus der Genealogie des Freiherrn von Hoheneck, II. Band)

**1188** Ortsbezeichnung „Herzogenhall“

**ab 13. Jh.** Entwicklung zum Handwerkerzentrum; Heilwasserversand

**um 1280** Sitz eines Landesgerichts (bis 1850)

**1282** Ortsbezeichnung „Hall“

**1287** Erhebung zum Markt

**1298** Margarethenkapelle urkundlich erstmals erwähnt (bis 1888 Pfarrkirche von Bad Hall)

**15.–18. Jh.** blühende Handwerkersiedlung

**1830** erste Badekabinen

**1855** Aufschwung durch rege Bautätigkeit: Kuranlage, Privathotels, Theater

**1878** Ortsbezeichnung Bad Hall

**1884** Kaiser Franz Joseph besucht die Kuranlagen

**1888** Weihe der neugotischen Pfarrkirche

**ab 20. Jh.** Bau zahlreicher Kurheime

**1955** Gründung des Paracelsus-Instituts

**1975** Eröffnung des neues Kurmittelhauses und des Thermal-Mineral-Hallenbades

**1992** Eröffnung der Tassilo Therme (Erweiterung des Thermal-Mineral-Hallenbades)

**1993** Eröffnung der 18-Loch-Golfanlage

**1995** Eröffnung des Oberösterreichischen Handwerkermuseums

**1999** frei zugängliche Gradiergrotte („Freiluft-Inhalatorium“)

**1999/2000** Neugestaltung des Hauptplatzes und der Kirchenstraße

„Tassilo-Gradiergrotte", Freiluft-Inhalatorium im Kurpark Bad Hall

Region: Pyhrn-Eisenwurzen
Einwohner: 5172
Seehöhe: 388 m

Kurverband Bad Hall
Kurpromenade 1
A – 4540 Bad Hall
Tel.: +43 (0)7258 7200-0
Fax: +43 (0)7258 7200-20
e-mail: info.bad-hall@upperaustria.or.at
Internet: www.badhall.com

## Besonders sehenswert

### Gesundheits-, Kur- und Wellnesseinrichtungen

Kurpark: 34 ha Fläche, alter und artenreicher Baumbestand

Kulturspaziergang (Führungen durch den Kurort) jeden 1. und 4. Donnerstag im Monat, 14.00 Uhr

„Forum Hall", 3 Museen unter einem Dach: Handwerk – Heimat – Haustüren; geöffnet April–Oktober, Do–So, 14–18.00 Uhr

## Feste

Februar: Bad Haller Carnevalclub (BHCC), Faschingssitzungen und Hofball
Operettenfestspiele:
April–Mai: Oper
Juni–August: Operette
Oktober–November: Musical

## Sommersport

Freibad, Tassilo-Therme (Thermal-Mineral-Hallenbad mit Ausschwimmbecken, geöffnet täglich 9–21.00 Uhr), Golfplatz „Herzog Tassilo", Tassilo Arena (Fitness Center), Tennis

Rathaus am Hauptplatz Bad Hall

## Wintersport

Tassilo-Therme, Tassilo Arena

## Kulinarisches

Bad Haller Taler (Konditorei Pürstinger), Kurbitter (Drogerie Storz), Eisenstraßenmenü (Restaurant Pürstinger)

## ➤ Weiterfahrt

Bad Hall–Steyr: 19 km; weiter auf der B 122 Richtung Osten, an Sierning vorbei nach Steyr.

Kurpark mit Pavillon und Springbrunnen

Dachansicht der Altstadt Steyr

# Steyr

Die großen architektonischen Stilepochen vergangener Zeiten vereinen sich in einem der schönsten historischen Altstadtkerne Europas: Gotik, Renaissance, Barock und Rokoko. Dazu Arkadenhöfe, malerische Gässchen, der Zusammenfluss von Enns und Steyr und die Kirchen, die das Bild der historischen Stadt Steyr vervollkommnen. Steyr gehört zu den ganz wenigen Städten, deren Altstadt-Ensemble aus dem Mittelalter fast unversehrt erhalten ist. Neben der gotische Stadtpfarrkirche, der zweitürmigen Michaelerkirche und der Marienkirche rückt eine kleine Wallfahrtskirche ganz besonders ins Rampenlicht: Christkindl. Denn Steyr ist die Christkindlstadt. Hier stehen in der Weihnachtszeit die größten und schönsten Krippen, die auf einer eigenen Tour, der „Kripperl-Roas" (Krippen-Reise), zu besichtigen sind. Hier staunt der Besucher über die Geheimnisse der Christkindlwelt. Hier stapeln sich vor allem jedes Jahr Millionen von Weihnachtsgrüßen im Postamt Christkindl mit seinem begehrten Sonderstempel. Zu Weihnachten ist in der alten Eisenstadt Hochsaison.

Eisenstadt deshalb, weil hier einst der Ennsfluss – die Hauptverbindung zwischen dem Erzberg in der Steiermark und der Donau – als wichtiger Transportweg von Eisen galt. So erlebte die Stadt im 15. Jahrhundert durch Eisenhandel und -verarbeitung eine wirtschaftliche Blütezeit, war die wohlhabendste Stadt Österreichs nach Wien. Nach der Talfahrt während der Gegenformation – ein Drittel der Bevölkerung wanderte aus – war es der legendäre Joseph Werndl, der mit der Gründung der Waffenfabrik 1864, die später bis zu 10.000 Arbeiter beschäftigte, Steyr zur Waffenschmiede Europas machte. Nach einem weiteren wirtschaftlichen Einbruch in den 30er Jahren des 20. Jahrhunderts gar als „Armenhaus Österreichs" bezeichnet, ist Steyr heute wieder ein bedeutender Industriestandort. Unter anderem werden zwei Drittel aller BMW-Motoren hier erzeugt.

Wahrzeichen der Stadt ist das gotische Bummerlhaus am Stadtplatz, Österreichs ältester gotischer Profanbau. Seinen Namen verdankt das ehemalige „Löwenwirtshaus" dem Steckschild-Löwen über dem Portal, den die Steyrer wegen seiner Gestalt „Bummerl" nannten – eine Bezeichnung für kleine, dicke Hunde. Im gesamten Altstadtbereich finden sich noch zahlreiche dieser Steckschilder, meist bemalte und zum Teil vergoldete Schmiedeeisenschilder, die früher auf die verschiedenen Zunftherbergen hinwiesen. Über dem Stadtplatz steht das mächtige Schloss Lamberg, das auf den Grundfesten der 980 erstmals urkundlich erwähnten Styraburg gebaut ist. 1727 wurde es nach dem großen Stadtbrand im barocken Stil wieder aufgebaut. Neben Standesamt, Büros und Wohnungen ist auch die Adelsbibliothek, eine Privatbibliothek mit 12.000 Bänden, im Schloss Lamberg untergebracht. Zu den ältesten Werken zählen Schriften aus dem 16. Jahrhundert, darunter echte Raritäten, Bücher und Atlanten aus aller Welt.

Steyr ist reich an sehenswerten Museen. Da sind zunächst volkskundliche Sammlungen, Nagelschmiede, Vogelsammlung, Waffen, Messer und Sensenhammer im Museum der Stadt ausgestellt, untergebracht im Innerberger Stadl, einem zweigiebeligen Bauwerk, das 1611 als Getreidespeicher erbaut wurde. Zur Weihnachtszeit öffnet hier das Steyrer Kripperl seine Pforten, das letzte bespielte Stabpuppentheater Mitteleuropas. Im historischen Wehrgraben liegt in einem ehemaligen Fabrikensemble des 19. Jahrhunderts das Museum Industrielle Arbeitswelt. Es ist ein international anerkanntes „museum in the making", das immer wieder seine Gestalt ändert. Soll heißen, wechselnde Ausstellungsthemen stehen im Mittelpunkt. Das Hauptaugenmerk liegt auf der Vermittlung gesellschaftlich relevanter Themen. Weitere Museen widmen sich der bäuerlichen Kultur, Eisenuhren und Kachelöfen. Gegen Voranmeldung öffnet auch das BMW Motorenwerk Interessierten seine Tore und konfrontiert sie interaktiv mit wesentlichen Aufgabenbereichen des Unternehmens.

Für Liebhaber alter Dampfbummelzüge hier noch eine besonders frohe Kunde: Österreichs älteste 760 mm-Schmalspurbahn steht für einen Ausflug nach Grünburg oder Steinbach bereit. Die Steyrtal-Museumsbahn führt auf einer Strecke von 17 Kilometern durch wunderschöne Wald- und Aulandschaften entlang der Steyr. Das liebevoll restaurierte „Schnauferl" ist bereits über 100 Jahre im Einsatz.

„Bummerlhaus" am historischen Stadtplatz Steyr

## Geschichte

**um 900** Bau der Styraburg zum Schutz vor den Ungarneinfällen; Erbauer vermutlich die Grafen von Wels-Lambach

**980** erste urkundliche Erwähnung der Styraburg

**1050** Die Otakare, aus dem Chiemgau stammend, erben die Styraburg und Besitzungen im Traungau.

**1287** Verleihung des Stadtrechts durch Herzog Albrecht I., genannt „Großes Privilegium“ (Mautbegünstigungen, Vorteile für die Eisenhändler im Fernhandel, Stapelrecht für die Bürger auf Holz und Eisen vom Erzberg, eine Art Vorverkaufsrecht)

**um 1450** wirtschaftliche Blütezeit durch Eisenhandel und -verarbeitung, Steyr nach Wien die zweitgrößte Stadt

**1490** Bau des „Bummerlhauses“

**1499** erste freie Bürgermeisterwahl

**1572** größtes Hochwasser, Stadtplatz unter Wasser

**ab 1550** Steyr wird Hochburg der Reformation, nur 16 Familien bleiben katholisch

### „Acht Mädchen – beinahe alle hübsch"

Franz Schubert, der in Steyr sein Forellenquintett komponierte, schrieb 1819 folgende Zeilen an seinen Bruder in Wien: „Die Gegend um Steyr ist über allen Begriffen schön. In dem Haus, wo ich wohne, befinden sich acht Mädchen, beinahe alle hübsch. Du siehst, dass man zu tun hat."

**bis Ostern 1626** Gegenreformation, ein Drittel der Bevölkerung (ca. 200 Familien) wandert aus; wirtschaftlicher Niedergang

**1584** Steyr erhält Eisenobmannschaft, die oberste staatliche Lokalbehörde für das gesamte österreichische Eisenwesen

### „Tabaksaufen" streng verboten

Um dem Feuer Herr zu werden, führte man im Mittelalter das Verbot des „Tabaksaufens", wie man das Rauchen nannte, ein. Wer in Heu- und Holzstadeln oder Ställen mit Pfeifen angetroffen wurde, dem wurden sie „mit Gewalt aus dem Maul genommen und alsogleich zerbrochen". Noch im Jahre 1812 musste jeder, der es riskierte, auf dem Stadtplatz seine Pfeife zu rauchen, damit rechnen, 24 Stunden Arrest abzusitzen.

**1725** Fertigstellung der Wallfahrtskirche Christkindl durch Jakob Prandtauer

**1727** nach großem Stadtbrand Wiederaufbau des Schlosses im barocken Stil

**1864** Josef Werndl gründet Waffenfabrik

**1884** erste Stadt auf dem Kontinent mit elektrischer Straßenbeleuchtung

**1934** Gründung der Steyr-Daimler-Puch AG

**1979** Grundsteinlegung für BMW Motoren GmbH in Steyr

**1987** Eröffnung des Museum Industrielle Arbeitswelt mit der Landesausstellung „Arbeit, Mensch, Maschine“

Zusammenfluss von Enns und Steyr; links Schloss Lamberg, rechts Michaelerkirche

Region: Städtering Linz-Wels-Steyr; Alpenvorland
Einwohner: 42000
Seehöhe: 307 m

Tourismusverband Steyr
Stadtplatz 27
A – 4402 Steyr
Tel.: +43 (0)7252 53229-0
Fax: +43 (0)7252 53229-15
e-mail: info@tourism-steyr.at
Internet: www.tourism-steyr.at

## Besonders sehenswert

**Bummerlhaus:** ältester gotischer Profanbau Österreichs

**Christkindl:** Wallfahrtskirche mit Sonderpostamt im Advent

**Innerberger Stadl:** Renaissance-Doppelgiebelbau, heute Museum der Stadt und Herberge des Steyrer Kripperls; ganzjährig geöffnet, November–März: Mi–So 10–16.00 Uhr, April–Oktober: Di–So 10–16.00 Uhr, Dezember: täglich 10–16.00 Uhr

Museum Arbeitswelt: im historischen Wehrgraben in einem alten Fabrikgebäude, ständig wechselnde Ausstellungen zu sozialkritischen Themen;
geöffnet März–November

Schloss Lamberg: ehemalige „Styripurc“, heute Barockschloss mit Adelsbibliothek

Steyrtal-Museumsbahn: Österreichs älteste 760mm-Schmalspurbahn; in Betrieb Juni–Oktober

## Feste

April: Georgiritt und Ostermarkt
Juni: Stadtfest
Juli–August: Freiluft-Sommerkino
August: Töpfermarkt
August–September: Musikfestival Steyr
November: Martinimarkt
Dezember: Christkindlpostamt, „Kripperl-Roas“, Adventskonzerte

## Sommersport

Golfen, Radfahren, Reiten, Schwimmen, Skatebahn, Tennis, Wandern

## Wintersport

Eislaufen, Schwimmen, Squash, Tennis

## Kulinarisches

Flößerbraten, Flößerpastete, Mostbraten; Mostkeks, Pofesen, gefüllter Lebkuchen

## ➤ Weiterfahrt

Steyr–Enns: 20 km; auf der B 115 Richtung Norden, über Kronstorf nach Enns.

Wallfahrtskirche Steyr-Christkindl

Basilika St. Laurenz in Enns, der ältesten Stadt Österreichs

# Enns

Enns ist in vielerlei Hinsicht ein markanter Punkt auf unserer Reise. Es ist zum einen das Zentrum der Romantikstraße, zum anderen haben wir die Donau so gut wie erreicht. Der viel besungene Fluss wird uns von nun an begleiten bis hin zur letzten offiziellen Romantikstraßen-Station Klosterneuburg. Und: Enns ist die älteste Stadt Österreichs.

Sage und schreibe 4000 Jahre sind die ersten nachweisbaren Spuren einer Besiedlung der Ennser Gegend alt. Die erste größere Siedlung im „Regnum Noricum" (Königreich der Noriker) wird in den Geschichtsbüchern auf das Jahr 400 v. Chr. datiert. 212 n. Chr. ist es Kaiser Caracalla, der der Siedlung „Lauriacum" das Stadtrecht verleiht – genau 1000 Jahre später erhält Enns vom Babenberger Herzog Leopold VI. das Stadtrecht, das älteste im Original erhaltene Stadtrecht von Österreich.

Der 60 Meter hohe Stadtturm inmitten von Enns prägt das Erscheinungsbild der historischen Stadt. Dabei sollte dieser ursprünglich gar nicht gebaut werden, denn König Ferdinand verweigerte im 16. Jahrhundert der damals protestantischen Bevölkerung den Bau eines Glocken- und Wachturms. Doch die Stadt stand in wirtschaftlicher Blüte, die Bürger widersetzten sich dem König und begannen 1564 mit dem Turmbau. Erst Maximilian II. erteilte ein Jahr später die Erlaubnis, die am Platz gelegene Scheiblingkirche, eine romanische Rundkirche, abzutragen und mit dem so gewonnenen Material den Turm weiter zu bauen. So geht es letztendlich auf Maximilian II. zurück, dass sich heute dem Besucher – vorausgesetzt, er nimmt die 156 Stufen auf sich – ein beeindruckender Blick auf alte Befestigungsanlagen, in romantische Arkadenhöfe und die engen Gassen der Stadt auftut.

Der Anblick der Altstadt hat sich seit zweihundert Jahren kaum geändert. Im 17. und 18. Jahrhundert wurden die Häuser barockisiert, die gotischen Giebel durch hochgezogene Fassaden ersetzt. Vom Bau der Stadtbefestigungsanlagen wird erstmals aus dem Jahre 1193 berichtet. Von Ausbau und Erneuerung ist bis ins 17. Jahrhundert die Rede. Von den Befestigungstürmen sind heute noch der Judenturm (stand im ehemaligen Judenviertel), der Bäckerturm (wurde von der Bäckergilde bewacht), der Pfaffenturm (stand ehemals auf Kirchengrund), der Ledererturm (wurde von der Lederergilde bewacht) und der Frauenturm (stand in der Straße „Unserer lieben Frau", Standort der Liebfrauenkirche) erhalten.

Details zur gründlich erforschten und bewegten Geschichte von Enns sind im Museum Lauriacum zu erfahren. Als „Römer-Schwerpunktmuseum" mit dem österreichischen Museumspreis ausgezeichnet, befasst es sich mit Prähistorie, Stadtgeschichte und sakraler Kunst. Die Römersammlung zählt zu den bedeutendsten Österreichs.

Bedeutend ist auch die päpstliche Basilika St. Laurenz in Enns, die man südseitig durch das Florianstor betritt. Hier sind römische Ausgrabungen von Lauriacum zugänglich: Mauern mit Freskenresten, die Fußbodenheizung und ein heiliger Brunnen. Die römischen Tempelreste hinter dem Altarbereich werden auf das Jahr 180 n. Chr. datiert. Sie sind überlagert von Teilen der frühchristlichen Basilika aus der Zeit um 370. Die Doppelapsis (um 740) ist von der frühmittelalterlichen Kirchenanlage erhalten.

Ursprünglich war das Gotteshaus eine dreischiffige Pfeilerbasilika. Das gotische Gewölbe des Hauptschiffes stürzte jedoch 1628 ein und wurde durch das heute zu sehende Kreuzgratgewölbe ersetzt. Im 18. Jahrhundert folgte dann die barocke Ausstattung der Basilika, von der allerdings nur noch das Monumentalgemälde des einheimischen Malers Georg Wolfgang Dallinger aus dem Jahre 1715 erhalten ist. Es zeigt den Martertod des Kirchenpatrons. Überhaupt fallen die großen Gemälde ins Auge, die größten Ölgemälde Oberösterreichs: Eine Stadtansicht mit den Patronen von Enns und die so genannte Lorcher Bischofsreihe, die darauf hinweist, dass Lauriacum einst Bischofssitz war, zieren die Wände. Der Hauptaltar der Basilika umschließt einen römischen Steinsarkophag, in dem die Gebeine der Lorcher Märtyrer beigesetzt sind.

### Rippe einer Riesin

„In einem Thurme der Stadt Enns befand sich, an einer Kette aufgehängt, die Rippe einer Riesin. Sie ist beim Thurmbau beschäftigt gewesen und hat einen großen Steinblock, der noch im Wächterzimmer als Tisch dienen soll, in ihrer Schürze zur Stelle hinauf getragen." So erzählt es die Sage. Lange Zeit hing die Rippe dieser Riesin im Turm. In den Wirren der Franzosenkriege 1809 ist die Rippe verschwunden, heißt es. Angeblich soll der Marmorblock die Altarplatte aus der ehemaligen Scheiblingkirche gewesen sein. Sie wurde 1565 abgerissen und das dabei gewonnene Material zum Bau des Stadtturms verwendet. (aus: Kneifel, Mein Enns, 1988)

## Geschichte

**2000 v. Chr.** erste nachweisbare Spuren einer Besiedlung

**400 v. Chr.** erste größere Siedlung im Königreich der Noriker (Regnum Noricum)

**45 n. Chr.** Errichtung der römischen Provinz Noricum

**205** Vollendung der Legionsfestung Lauriacum

### Betonung auf dem „a"!

„Lauriacum" – dieser Name zieht sich durch das historische Enns wie ein roter Faden. Stadtmuseum „Lauriacum", Hotel „Lauriacum" ... – der Name des ursprünglichen römischen Legionslagers – heute der Ennser Stadtteil Lorch – wird in Ehren gehalten. Ein Dorn im Auge ist den echten Kennern jedoch, dass „Lauriacum" immer wieder falsch betont zu werden pflegt. Nicht nur vom gemeinen Volk, „auch Archäologen und Historiker bilden keine Ausnahme", wissen die Autoren des höchst umfassenden Werkes über die „Geschichte von Enns" zu berichten: „Es muss heißen Lauri-acum. Die Betonung liegt auf dem „a" des Suffixes -acum." (vgl. Katzinger/Ebner/Ruprechtsberger, Geschichte von Enns, 1996)

**212** Lauriacum (heute Lorch bei Enns) erhält als Zivilsiedlung von Kaiser Caracalla das Stadtrecht

**5. Jh.** allmählicher Abzug der römischen Truppen aus Lauriacum

**10.–11. Jh.** Markt Ense

**1186** Erbvertrag zwischen Österreich und Steiermark, der später zum Grundstein Österreichs wurde, die sog. „Georgenberger Handfeste"

1192 Steiermark und Traungau (mit Enns, das die nördlichste Siedlung der Steiermark war) kommen zum damaligen Österreich

1193 Baubeginn der Stadtbefestigungsanlage (Um- und Ausbauten bis ins 17. Jh.)

1212 Enns wird mit dem frühesten – und auch erhaltenen – Stadtprivileg Österreichs ausgezeichnet.

1276 Bau der Kirche St. Marien mit Kloster und Wallseerkapelle durch die „Minderen Brüder“

1290 gotische Basilika St. Laurenz

1483 landesfürstliche Burg entsteht unter Friedrich III.

1568 Stadtturm erbaut unter Maximilian II. als Glocken- und Wachturm

1570 Bau des Schlosses Ennsegg

1626 nach Bauernkrieg und Gegenreformation wirtschaftlicher Tiefpunkt

Anfang 19. Jh. Einquartierung französischer Truppen in Enns, auch Napoleon weilt einige Tage in der Stadt (3. Mai 1809 Schlacht von Ebelsberg)

1845–1849 Abbruch der Stadttore

20. Jh. vor und nach den beiden Weltkriegen Industrialisierung

1945–55 Enns und Donau bilden Demarkationslinie zwischen russischer und amerikanischer Zone

1960–66 Grabungsarbeiten in der Basilika St. Laurenz: u.a. Reste einer römischen Tempelanlage um 180 ausgegraben

1988 Papstbesuch

1996 Neugestaltung des Stadtkerns

Region: Donauraum/Pyhrn-Eisenwurzen
Einwohner: 11500
Seehöhe: 280 m

Tourismusverband Enns
Mauthausnerstraße 7
A – 4470 Enns
Tel.: +43 (0)7223 82777
Fax: +43 (0)7223 82778
e-mail: info.enns@upperaustria.or.at
Internet: www.tiscover.com/enns

## Besonders sehenswert

**Historische Altstadt** mit frei stehendem Stadtturm

**Römisches Zentralmuseum Lauriacum:** Prähistorie, Stadtgeschichte, sakrale Kunst, Volkskunde, Kunstkabinett; geöffnet April–Oktober, täglich außer Mo 10–12.00 Uhr und 14–16.00 Uhr, November–März So und Feiertag 10–12.00 Uhr und 14–16.00 Uhr

**Basilika St. Laurenz:** einzige sichtbare römische Ausgrabungen von Lauriacum (römische Mauern mit Freskenresten, Fußbodenheizung, heiliger Brunnen); Mitte April–Mitte Oktober täglich Führungen um 16.00 Uhr

**Stadtbefestigungsanlagen:** Judenturm, Bäckerturm, Pfaffenturm, Ledererturm, Frauenturm

## Feste

Juli–August: Theater im Hof
2. Adventwochenende: Adventsmarkt
5. Dezember: Krampustreiben
Silvester: Spektakel am Hauptplatz
1. Januar: Aperschnalzen
ganzjährig Konzerte: Ennser Singkreis, Ennser Kammerorchester, Klavierkonzerte

Stadtturm von Enns

## Sommersport

Golfplatz Tillysburg, Inline-Skating, Radfahren (Ennstalweg, Florianiweg, Donauradweg mit Donau-Radfähre), Schwimmen, Squash, Tennis,
April: Mountainbikeevent
Juni: Enns Goes Volley

## ➤ Weiterfahrt

Enns–St. Florian: 8 km; kurzes Stück auf der B 1 Richtung Westen (Linz), in Asten links über die A 1 nach St. Florian.

Römisches Zentralmuseum „Lauriacum"

Westfront des Chorherrenstifts St. Florian

# St. Florian

Wie schon in Kremsmünster beruht auch der Bau der mächtigen Klosteranlage St. Florian auf einem Mythos: Unter Kaiser Diokletian erlitt Florianus – Vorstand der Kanzlei des römischen Statthalters von Norikum – den Martertod in der Enns. Sein „Verbrechen“: er bekannte sich als gläubiger Christ. Die fromme Witwe Valeria fand den Leichnam und brachte ihn mit einem Ochsengespann in den nahe gelegenen Buchenwald. Als die Ochsen auf dem Weg dorthin erschöpft Halt machten, entsprang plötzlich und wundersam eine Quelle an der Raststätte, an der sich die Tiere stärkten. Mit neuen Kräften zogen sie den Hügel hinauf, wo die Witwe den Leichnam Florians begrub. Aus seiner Grabstätte wurde später eine Kultstätte und in weiterer Folge das Stift St. Florian samt Wallfahrtsstätte.

1686 begann unter Carlo Antonio Carlone (ca. 1635–1708) der Bau der barocken Klosteranlage. Im Jahre 1711 übernahm ein Baumeister das Ruder, der uns nicht zum ersten und nicht zum letzten Mal entlang der Romantikstraße begegnet: Jakob Prandtauer. Mit dem Marmorsaal gelang ihm in St. Florian eine seiner Meisterleistungen. Prandtauer hat aber auch Schloss Hohenbrunn erbaut – der einzige urkundlich nachgewiesene Schlossbau des Barockbaumeisters. Schloss Hohenbrunn beherbergt heute das Oberösterreichische Jagd- und Fischereimuseum. Unter prachtvollen Stuckdecken sind hier neben Waffen auch Wandteppiche, Porzellan und Glas, Dioramen und Tiere ausgestellt. Das Fischereimuseum widmet sich Fischen aus heimischen Gewässern und der geschichtlichen Entwicklung der Fischerei.

Zurück zum Augustiner Chorherrenstift. Die weltberühmte Bruckner-Orgel (103 klingende Register, 7389 Orgelpfeifen) erfreut hier täglich (außer samstags) die Besucher St. Florians mit 25-minütigen Hörerlebnissen. Niemand geringerer als der „Komponist Gottes“, wie man Anton Bruckner nennt, war ihr Namensgeber. Bruckner, 1824 im nahen Ansfelden geboren, wirkte ab 1837 in St. Florian, Linz und Wien, wo er 1896 starb. Er wurde in der Krypta unter der Orgel von St. Florian beigesetzt. Geschichtsträchtig sind in St. Florian auch die Jungen. Die Florianer Sängerknaben blicken auf eine Tradition von über 900 Jahren zurück. Sie stehen ebenso auf den hochkarätigen Konzertprogrammen St. Florians wie zahlreiche namhafte Künstler aus aller Welt.

Zum Augustiner Chorherrenstift gehört das historische Feuerwehrzeughaus in der Form eines doppelten Vierkanters. Im früheren barocken Stiftsmeierhof erfährt der Besucher alles über die Entwicklung der Feuerwehr sowohl als technische wie auch als gesellschaftliche Einrichtung. Zu den Highlights zählen auf großzügigen 2500 $m^2$ nicht nur die ausgestellten pferdebespannten Fahrzeuge, sondern vor allem auch die motorisierten Oldtimer aus den 20er Jahren.

Noch einen musealen Leckerbissen findet man in St. Florian: das Oberösterreichische Freilichtmuseum Sumerauerhof. In dem für die Region typischen Vierkanthof findet sich alles, was zur Bewirtschaftung eines großen Gutes notwendig war. Die Palette reicht von alten Mostfässern über ein „Lokomobil“ bis zu einer großen Bauernmöbelausstellung in den historischen Räumlichkeiten.

## Geschichte

304 Martertod Florians

888 erste urkundliche Erwähnung über den Bestand eines Klosters

900–955 Ungarneinfälle: Kloster wird zerstört

1071 Einführung der Augustiner-Regel durch Bischof Altmann; Wiederherstellung der Klosterkirche

13. Jh. Entstehung einer Schule im Kloster für die geistige Bildung der Marktbewohner

15. Jh. Hunger und Pest

1493 Markterhebung

1686–1751 Bau der barocken Klosteranlage (ab 1711 unter Jakob Prandtauer)

1770–74 Bau der Bruckner-Orgel durch Franz Xaver Chrismann

### Sechs Kilometer Nostalgie

Den Feuerwehr-Oldtimern im historischen Feuerwehrmuseum nicht ganz unähnlich sind die Wagons der charmanten Eisenbahn, die ursprünglich zwischen St. Florian und Linz pendelte. 1972 musste sie dem Autoverkehr Tribut zollen. Die Österreichische Gesellschaft für Eisenbahngeschichte – sie war es auch, die sich der Steyrtalbahn angenommen hatte – erweckte die Bahn auf einer Strecke von immerhin sechs Kilometern zu neuem Leben. Nostalgiker danken es ihr.

1813 verheerender Brand

1824 Anton Bruckner in Ansfelden geboren (4. September)

1846 älteste österreichische Betriebsfeuerwehr

1850–1956 Stiftsbrauerei

1896 Beisetzung Anton Bruckners unter der großen Orgel in der Gruft

### Marter-Relikt aus grauer Vorzeit

Die grauenvolle Marter des hl. Florian hat er unbeschadet überstanden: der Mühlstein, mit dem der Märtyrer im Jahr 304 nach Christus ertränkt worden sein soll. Er ist heute noch an der Grabstelle des Heiligen im Chorherrenstift St. Florian zu sehen.

1913 Betriebsaufnahme der Florianer Bahn (bis 1973 in Betrieb)

1917 Gründung der Glocken- und Metallgießerei

1952 Guss der Pummerin-Glocke (Geschenk an den Wiener Stephansdom)

1969–79 Wiederinstandsetzung des barocken Stiftsmeierhofes (heute historisches Feuerwehrzeughaus)

Bibliothek des Stifts St. Florin

Region: Donauraum/Pyhrn-Eisenwurzen
Einwohner: 5600
Seehöhe: 330 m

Tourismusverband St. Florian
Marktplatz 2
A – 4490 St. Florian
Tel.: +43 (0)7224 5690
Fax: +43 (0)7224 5788
e-mail: info.stflorian@netway.at
Internet: www.tiscover.com/st.florian

## Besonders sehenswert

**Augustiner Chorherrenstift;** geöffnet täglich von April–Oktober, Führungen 10, 11, 14, 15 und 16.00 Uhr, Gruppen jederzeit gegen Voranmeldung

**Historisches Feuerwehrzeughaus;** geöffnet Mai–Oktober, So–Fr, 10–12.00 Uhr und 13–17.00 Uhr

**Oberösterreichisches Jagdmuseum Schloss Hohenbrunn;** geöffnet Mai–Oktober, So–Fr, 10–12.00 Uhr und 13–17.00 Uhr

**Oberösterreichisches Freiluftmuseum Sumerauerhof;** geöffnet Mai–Oktober, So–Fr, 10–12.00 Uhr und 13–17.00 Uhr

**Florianer Museumsbahn;** in Betrieb Mai–Oktober, Sonderfahrten nach Vereinbarung

Stiftskirche St. Florian mit Brucknerorgel

## Feste

15. Mai–15. Oktober, täglich 14.30 Uhr außer Samstag: Hörerlebnis Brucknerorgel
Mai–Juni: Fiori Musicali
Mai–Juli: Sommerfestival Akademie Schloss Tillysburg
Juni–Juli: Internationale Orgelkonzerte
Mitte August: Kathedrale der Klänge – Bruckner-Erlebnistage
September: „Der Summa is ummi"
September: Internationales Brucknerfest
8. Dezember: Adventskonzert der St. Florianer Sängerknaben
Jahreswechsel: Orgelkonzert

## Sommersport

Angeln (in den Stiftsteichen), Golfen (in Tillysburg und Ansfelden), Radfahren (im Brucknerland, Donauradweg), Reiten, Wandern (Sinfoniewanderweg Ansfelden-St. Florian)

## Kulinarisches

Brucknertörtchen, Bruckners Lieblingsgericht: Geselchtes mit Grießknödel und Sauerkraut, Florianer Schokotaler

## ➤ Weiterfahrt

St. Florian–Grein: 46 km; die A 1 überquerend zurück nach Enns, nach Enns links über die Donau nach Mauthausen, dort auf die B 3 Richtung Perg, weiter über Arbing und Saxen nach Grein.

Stift St. Florian: Marmorsaal von Jakob Prandtauer

Grein an der Donau mit Stadtpfarrkirche und Schloss Greinburg

# Grein an der Donau

Nicht von ungefähr hat sich an dieser Stelle der Donau eine Siedlung gebildet. Allerdings zu Zeiten, als diese hier noch ein gefährlicher und gefürchteter Strom war. Felsvorsprünge ragten in den Fluss, Felsriffe befanden sich teilweise nur knapp unter der Wasseroberfläche. Dadurch bildeten sich Strudel, Wirbel und Stromschnellen – und der Name der Region: Strudengau. Am Eingang des Strudengaus entstand also aus strategischen Gründen die Siedlung Grein, denn nur der Ortskundige konnte den Schiffsleuten als Lotse durch die lebensgefährlichen Wassermassen helfen – und das nicht umsonst. Einen stolzen Obolus zahlte jeder, der bei Grein die Donau überwand. So bezeichnete man Grein seit dem Spätmittelalter als „goldenes Städtchen an der Donau".

Der unversehrte Stadtplatz mit seinen reichen Bürgerhäusern im Renaissance-, Barock- und Biedermeierstil ist noch heute Zeugnis des spätmittelalterlichen Wohlstands in Grein. Eines dieser Häuser ist das 1563 erbaute Alte Rathaus, in dessen rückwärtigem Teil ein Getreidespeicher errichtet wurde. Als der Getreidehandel um die Mitte des 18. Jahrhunderts zurückging, wurde der Speicher 1790 in ein Theater umgebaut. Es ist das älteste weltliche Theater Österreichs, das im ursprünglichen Zustand erhalten ist und bis heute bespielt wird. Rund um die Bühnenbretter im winzigen Greiner Theater ranken sich zahlreiche Anekdoten und Kuriosa: Die ersten drei Reihen sind heute wie damals mit Sperrsitzen ausgestattet. Hier jedoch hält der Name noch, was er verspricht. Die Sitzfläche kann tatsächlich hochgeklappt und mit einem Schlüssel an der Rückenlehne versperrt werden. Die Schlüssel konnte man für einen gewissen Zeitraum kaufen, sozusagen eine Vorform des heutigen Theater-Abonnements. Höchst bemerkenswert ist auch das „stille Örtchen" an der linken Seite des Zuschauerraumes. Als kleiner Erker ist es an die Außenmauer angebaut worden und nur durch einen roten Vorhang vom Zuschauerraum getrennt. So versäumte der notdürftige Theaterbesucher auch nicht die kleinste Szene auf der Bühne. Für ein Theater eher unüblich ist auch die ausbruchsichere Holztür mit Guckloch und Eisenverriegelung im Halbstock. Die Insassen des Kotters – des im ursprünglichen Rathaus untergebrachten Arrestraums – hatten auf diese Weise die Möglichkeit, die Theateraufführung zu verfolgen. Sie sind von den Besuchern mit Speis und Trank verwöhnt worden, damit sie die Aufführung nicht lautstark störten.

Das alles überragende Wahrzeichen der mit 3300 Einwohnern kleinsten Stadt in Oberösterreich ist Schloss Greinburg mit seinen Coburger Zimmern. 1488 bis 1493 wurde es als eines der ältesten Wohn- und Repräsentationsschlösser Österreichs erbaut. Den Grundstein legten die Brüder Siegmund und Heinrich Prüschenk, das heutige Aussehen erhielt das Schloss um 1630 unter Graf Meggau, dem der Stadtbrunnen am Stadtplatz – errichtet 1872 – gewidmet ist. Seit 1823 ist die Greinburg in Besitz des herzoglichen Hauses Sachsen-Coburg-Gotha. In der zweiten Hälfte des 20. Jahrhunderts wurde die Greinburg umfassend renoviert, zuletzt richtete man 1987 die Coburger Zimmer als Museum der Familie ein.

Heute ist Schloss Greinburg ein wahres Prunkstück, es steht da wie im Bilderbuch: Wunderschön ist der Renaissancehof des im Kern spätgotischen Schlosses, aufwändig renoviert die großzügigen Räumlichkeiten des Gebäudekomplexes, imposant der Rittersaal mit seinem sehenswerten Renaissance-Altar aus Marmor. Auch ein Schifffahrtsmuseum ist in der Greinburg untergebracht. Seit Sommer 2000 ist die Sala terrena, das „Steinerne Theater", im Rahmen von Schlossführungen der Öffentlichkeit zugänglich. Kunstvolle Mosaike aus Millionen von Donaukieseln zieren Wände und Decke. Trotz starker Beschädigungen während der russischen Besatzungszeit nach Ende des Zweiten Weltkrieges zählt der „Raum der Lebensfreude, des Spiels und des Vergnügens" zu den Glanzlichtern des Schlosses Greinburg. Theater heißt er deshalb, weil hier vermutlich noch vor Errichtung des kuriosen Stadttheaters Wanderbühnen zu Gast waren, um die ansässigen Herrschaften zu unterhalten.

### Napoleon himself?

Im Jahre 1805 soll ein hoher Gast im Greiner Stadttheater zu Besuch gewesen sein: Napoleon höchstpersönlich! Zu der Zeit waren 13.500 französische Soldaten in Grein stationiert. Prompt erhielt der Ehrenplatz unter den 167 Stühlen den Titel „Napoleonloge", der sich bis heute gehalten hat. Nicht halten lässt sich jedoch die Behauptung, dass an dieser Überlieferung kein Zweifel besteht. Wahrscheinlich ist, dass es sich ein französischer Generalmarschall und nicht der Oberbefehlshaber selbst in der „Napoleonloge" bequem gemacht hat.

## Geschichte

**1147** erste urkundliche Erwähnung von „Grine", von mhd. „grinen"= brüllen, greinen, klagen (der Schiffsleute in Not)

**1215** Markterhebung

**ab 13. Jh.** Privilegien und Wohlstand durch Lotsendienste

**1468** Marktsiegel verliehen von Siegmund von Tirol

**1476** großer Brand (böhmische Grenzkriege)

**1488** Brüder Siegmund und Heinrich Prüschenk erwerben den Markt Grein.

### Rechte und Pflichten eines Pfarrers

Bis ins Jahr 1913 stand es dem Pfarrer des benachbarten St. Nikola an der Donau zu, den passierenden Schiffsleuten seine Mautkasse unter die Nase zu halten. Diesem Recht stand jedoch eine weniger erfreuliche Verpflichtung gegenüber: Hochwürden musste den an Land geschwemmten Ertrunkenen, von denen es nicht wenige gab, ein gebührendes Begräbnis halten ...

**1490** Schloss Greinburg von den Brüdern Prüschenk erbaut

**1491** Stadterhebung durch Kaiser Friedrich III. auf Bitten der Brüder Prüschenk

**1563** Altes Rathaus und Getreidespeicher errichtet (das spätere Theater)

**15.–18. Jh.** wirtschaftliche Blüte durch einzigartige Lage im Donautal

**ab 1630** tiefgreifender Umbau des Schlosses Greinburg unter Graf Meggau

**1642** verheerender Stadtbrand

**1790** Bau des Stadttheaters

Historisches Stadttheater Grein mit „Napoleonloge"

1823 Schloss Greinburg gelangt in den Besitz des Hauses Sachsen-Coburg-Gotha

Ende 19. Jh. Entwicklung zum Fremdenverkehrsort

nach 1945 Schloss Greinburg von Russen besetzt

1967 Eröffnung der Donaubrücke (Anbindung an den Wirtschaftsraum Amstetten)

1976–83 umfassende Renovierungen des Schlosses Greinburg

1992 neue „Dilettantengesellschaft" Grein gegründet; Aufführungen im generalsanierten historischen Theater;

2000 Sala terrena, genannt „Steinernes Theater", im Schloss für die Öffentlichkeit zugänglich

Region: Mühlviertel-Strudengau
Einwohner: 3300
Seehöhe: 239 m

Tourismusverband Grein
Stadtplatz 7
A - 4360 Grein
Tel. & Fax: +43 (0)7268 7055
e-mail: info.grein@upperaustria.or.at
Internet: www.tiscover.com/grein

## Besonders sehenswert

**Altes Stadttheater** (1791): ältestes weltliches Theater Österreichs, im ursprünglichen Zustand erhalten; geöffnet April–Oktober, tägliche Führungen: 9, 11, 13.30 und 16.00 Uhr

**Schloss Greinburg** (1490): Arkaden-Innenhof der Spätrenaissance, Schifffahrtsmuseum, Coburger Zimmer, Rittersaal, Schlosskapelle, Steinernes Theater, privater Schlossgarten; Schlossführungen gegen Voranmeldung von April–Oktober; Schifffahrtsmuseum geöffnet Mai–Oktober, täglich außer Mo, Mai und Oktober:10–12.00 Uhr und 13–17.00 Uhr, Juni–September: 10–18.00 Uhr

**Hauptplatz** mit sehenswerten Bürgerhäusern aus verschiedenen Stilepochen und Meggaubrunnen

**Stadtpfarrkirche,** spätgotischer Bau mit spätbarockem Helm

Hauptplatz Grein mit Bürgerhäusern im Renaissance-, Barock- und Biedermeierstil

Steinernes Theater der Schloss Greinburg

## Feste

Juli–August: Sommerspiele Grein im historischen Stadttheater
August: Donaufestwochen (Barock Oper) auf Schloss Greinburg
September: Kunsthandwerkermarkt
Dezember: Weihnachtsmarkt
viermal jährlich: Kirtag
unregelmäßig: Theateraufführungen der Greiner Dilettantengesellschaft im historischen Stadttheater

## Sommersport

Radfahren (Donauradweg), Schießsport, Tennis, Wandern

## ➤ Weiterfahrt

Grein–Maria Taferl: 28 km; auf der B 3 weiter entlang der Donau (Richtung Krems), wir kommen von Ober- nach Niederösterreich, über Persenbeug bis Marbach an der Donau, dort links nach Maria Taferl (gut beschildert, in Serpentinen bergauf, bald ist links der Doppelturm der Basilika zu sehen).

Blick auf den Wallfahrtsort Maria Taferl

# Maria Taferl

Am Fuße des Taferlberges fließt die Donau. Im Osten reicht der Blick bis zu den Bergen vor Wien, im Westen bis zum Traunstein im Salzkammergut. Im Norden erstreckt sich das Waldviertel. Ein grandioses Panorama! Wir sind in Niederösterreich, im Nibelungengau. Nibelungengau deshalb, weil 1203 hier im Donautal ein unbekannter Dichter die 2400 Strophen des Nibelungenliedes verfasste. Stromabwärts geht der Nibelungengau in die berühmte Wachau über. Ein privilegiertes Stückchen Erde: der Wallfahrtsort Maria Taferl.

Neben der Kirche liegt ein steinerner Sockel, der „Opferstein". Um ihn wurde vermutlich bereits von den Kelten ein abergläubischer, heidnischer Kult getrieben. Das wiederum ließ die Gegend für die christliche Bevölkerung zunächst unheimlich erscheinen. Um sich der alten Erinnerung zu entledigen, hängte man ein kleines hölzernes Kreuz an die Eiche, an der der Stein lag. Das Kreuz war an einer Tafel befestigt, aus der bald die Ortsbezeichnung „Beim Taferl" hervorging und später „Maria Taferl".

Das alles nehmen die Altertumsforscher heute an. Genauer belegt ist die Entstehungsgeschichte des heutigen Wallfahrtsortes im 17. Jahrhundert: Der Viehhirt Thomas Pachmann wollte am 14. Januar 1633 die dürre Taferleiche fällen. Sein Beil glitt jedoch ab und schlug ihm hintereinander in beide Beine. Daraufhin erblickte er das aufgestellte Kreuz und bereute seine frevelhafte Tat, kniete nieder und bat um Vergebung. Wie durch ein Wunder hörte das Blut seiner Wunden zu fließen auf. Pachmann ging heim und war bald darauf vollständig geheilt.

Auf Grund dieser Berichte ließ 1641 oder 1642 der Richter von Kleinkrummnussbaum – aus diesem Ort stammte auch der Viehhirt – eine kleine Statue der „schmerzhaften Mutter Gottes" in die Eiche setzen. Und siehe da, Richter Alexander Schinagl, der einst an schweren Depressionen litt, wurde völlig gesund. 1658 wird von der ersten wundersamen Erscheinung an dem Ort berichtet, einer Lichterscheinung, die sich in den folgenden Jahren dreimal wiederholte. Gleich 26 Personenerscheinungen werden überliefert: Geheimnisvolle, weiß gekleidete Wallfahrer wurden gesehen, einzeln, in kleinen Gruppen oder zu Prozessionen vereint, teils auf der Erde, teils in der Luft schwebend. Mit den Erscheinungen einher gingen wundersame Heilungen. Zu all diesen Vorkommnissen wurde im Jahre 1659 eine genaue kirchliche Prüfung angeordnet, bei der 51 Zeugen unter Eid vernommen wurden. Ergebnis: Beschluss über den Bau einer großen Wallfahrtkirche.

1660 fand am 19. März am Taferlberg zunächst der erste Gottesdienst statt. Am 25. April folgte die Grundsteinlegung zur Wallfahrtskirche, deren Erbauung sechzig Jahre dauerte. Baumeister waren Georg Gerstenbrand, kaiserlicher Architekt aus Wien, anschließend Carlo Lurago und schließlich als Vollender der Kuppel einmal mehr Jakob Prandtauer. Die feierliche Einweihung der Kirche erfolgte am 29. April 1724 durch den Bischof von Passau, Josef Dominik Graf Lamberg, wobei der Hochaltar erst 1738 fertig wurde.

Die Wallfahrt entwickelte sich rasch, zeitweise waren 25 Priester für die

Betreuung der Gläubigen eingesetzt. Unglücksfälle und Rückschläge ließen den Zustrom der Wallfahrer nicht abbrechen. Nach den beiden Weltkriegen des 20. Jahrhunderts, in denen Maria Taferl schwer beschädigt wurde, kam es zu einem neuerlichen Aufschwung, 1947 zur Erhebung zur Basilika minor unter Papst Pius XII.
Der Kirchenbau von Maria Taferl ist auch in einer historischen mechanischen Krippe dargestellt. Sie wurde 1892 von einem Lehrer aus Burgstall gebaut, steht unter Denkmalschutz und ist direkt im Zentrum des kleinen Wallfahrtsortes in einem Geschäft untergebracht.

## Geschichte

1633 Ursprung der Legende um den Viehhirten und die dürre Taferleiche

1641/42 In die Eiche wird eine kleine Statue der schmerzhaften Mutter Gottes eingesetzt; wundersame Heilung eines Mannes mit Depressionen

1658 erste wundersame Lichterscheinung überliefert

1659 kirchliche Befragung von 51 Zeugen unter Eid über Erscheinungen

1660 erste Messe am Taferlberg mit über 1000 Wallfahrern; Grundsteinlegung zur Wallfahrtskirche (Bau bis 1710)

1707/11 Vierungskuppel von Jakob Prandtauer gemauert

1724 Kirchenweihe

1738 Fertigstellung des Hochaltars

### Maria Taferl als Roman

Die österreichische Dichterin Enrica von Handel-Mazzetti (1871-1955) hat einen berühmten Roman geschrieben: „Jesse und Maria" (1906). Ihm liegt die Entstehungsgeschichte von Maria Taferl zu Grunde.

### Wunder oder nicht?

„Den kirchlichen Vorschriften entsprechend müssen wir bemerken, dass das Urteil darüber, ob es sich bei den bezeugten auffallenden Vorgängen und Gebetserhörungen um Wunder im eigentlichen Sinn handelt, d.h. um Erscheinungen, die nicht durch natürliche Ursachen, sondern durch das Eingreifen der Allmacht Gottes erfolgt sind, ganz allein dem unfehlbaren Lehramt der Kirche zusteht. Diese Entscheidung ist bisher nicht erfolgt. Doch spricht das päpstliche Breve, durch das Maria Taferl 1947 zur Basilika erhoben wurde, von den Wundern und Zeichen, die hier geschehen sind." (aus: Weichselbaum, Maria Taferl, 1995)

1755 Ein Ministrant legt Feuer an der Eiche; diese und das ursprüngliche Gnadenbild brennen ab.

1810 Kirche nimmt schweren Schaden durch erzwungene Ablieferung des Kirchensilbers an die Regierung

1. Hälfte 20. Jh. schwere Schäden in beiden Weltkriegen

1947 Wallfahrtskirche wird von Papst Pius XII. zur Basilika minor erhoben

1951/52 grundlegende Renovierung der Basilika

1976 Krypta eingerichtet und künstlerisch gestaltet

Basilika zur schmerzhaften Muttergottes in Maria Taferl

Region: Wachau-Nibelungengau
Einwohner: 850
Seehöhe: 443 m

Marktgemeinde Maria Taferl
Gemeindeamt Nr. 35
A – 3672 Maria Taferl
Tel.: +43 (0)7413 7040
Fax: +43 (0)7413 7040-14
e-mail: gde.mariataferl@wvnet.at
Internet: www.mariataferl.at

Kulinarischer Genuss vor dem Panorama des Donautales

## Besonders sehenswert

**Panoramablick** auf Donau und Voralpen

**Basilika zur Schmerzhaften Muttergottes** mit Taferlstein

**Mechanische Krippe;** Öffnungszeiten nach Bedarf (Tel. 07413/6853)

**Volksschulmuseum;** geöffnet Ostersonntag–Ende Oktober, sonntags 9.30–11.30 Uhr bzw. gegen Voranmeldung

## Feste

ganzjährig Orgelkonzerte

## Sommersport

Wandern, Radfahren (Donauradweg: Abholung bei Nächtigung)

## ➤ Weiterfahrt

Maria Taferl–Melk: 24 km; weiter der Bergstraße folgen, die östlich von Maria Taferl zurück ins Tal führt (links ist Schloss Artstetten zu sehen); zurück auf der B3 weiter Richtung Osten; der Beschilderung folgen, über die Donau nach Melk.

# Melk

Melk, das „Tor zur Wachau". Das Zentrum mit seinem hübschen Rathausplatz und der langgezogenen Fußgängerzone erweist sich als sehr übersichtlich. Zahlreiche Kleinode säumen den Weg durch das niederösterreichische Städtchen: Bürgerhäuser, Freskenreste, alte Stadttürme. Teil der Melker Wehranlage im 16. Jahrhundert war das „Haus auf dem Stein" am westlichen Rand des Zentrums. Es wurde 1550 erbaut und diente als „Lug ins Land". Als krasser Gegensatz zu so viel Beschaulichkeit ragen parallel zur Fußgängerzone die mächtigen Mauern des Benediktinerstifts in die Höhe. „Zwei himmeltragende Türme und eine Kuppel rufen es weithin in die Lande: Auf diesem Felsen steht eine Gottesburg!", schreibt Abt Ellegast in seinem Vorwort zum Stiftsführer. Von einem „gewaltigen Sakralbau", „edelstem Barock" und einem „Meisterwerk eleganter Fassadengestaltung" schwärmt er – und hat Recht!

Als Benediktinerkloster hat das Stift Melk eine über 900-jährige Tradition. Am 21. März 1089 zogen die Mönche des heiligen Benedikt in Melk ein. Doch es gab auch ein Leben davor. Vermutlich im Jahre 960 wurde in diesem Gebiet eine Mark eingerichtet, eine territoriale Organisation, die besonders auf Verteidigung angelegt war. Diese Mark – 996 erstmals als „Ostarrichi" (Österreich) bezeichnet – war nach Burgbezirken gegliedert. Ein befestigter Mittelpunkt sollte der Bevölkerung Schutz bieten. Wichtigstes Burgzentrum der neuen Mark war zweifelsohne Melk, das in der Folge rund 100 Jahre die Hauptburg der Babenberger in Österreich blieb. Durch ihre Niederlassung in der neuen Residenz Klosterneuburg diente Melk den Babenbergern später nur noch als Grabstätte. Diese sollte in geistliche Hände übergehen, und so wandelte Leopold II. die Burg auf dem Melker Felsen in ein Kloster um.

◄ Stift Melk, Westansicht mit Donauarm

„Ora et labora", bete und arbeite, hieß von nun an der Leitspruch, dem in Melk Folge geleistet werden sollte. Doch der ersten Blüte des Klosters im 12. Jahrhundert folgten leidgeplagte Zeiten. Am 14. August 1297 zerstörte ein verheerender Brand das Kloster samt Kirche, Nebengebäude und Bibliothek. Die wenig erfolgreiche Aufbauarbeit der folgenden Jahrzehnte gipfelte gegen Ende des 14. Jahrhunderts in einer völligen Verschuldung. Zudem griffen Pest und Missernten um sich, und neben dem wirtschaftlichen Abstieg war das Kloster Melk auch an einem sittlichen Tiefpunkt angelangt.

Um so erstaunlicher, dass Melk nach dem Reformbeschluss des Konzils von Konstanz (1414–18) bald zum Muster strengster Klosterdisziplin wurde. Die Erneuerungsbewegung wurde als „Melker Reform" zum Begriff und breitete sich über den gesamten süddeutschen Raum aus. Melk wurde kulturelles und geistiges Zentrum des Landes. Herbe Rückschläge für das Kloster folgten durch Reformation und Türkenkriege im 16. Jahrhundert. Nach der Gegenreformation kennzeichnet die Schwelle zum 18. Jahrhundert einen bedeutenden Abschnitt in der Melker Geschichte. Der erst 30-jährige Berthold Dietmayr wurde am 18. November 1700 zum Abt gewählt. Er wollte die religiöse, wissenschaftliche und landespolitische

Bedeutung des Stiftes durch einen Neubau untermauern. In Jakob Prandtauer fand er einen kongenialen Partner. Bis zu seinem Tod 1726 leitete der Barockbaumeister die Arbeiten am Kloster, doch erst zehn Jahre danach waren sie weitgehend abgeschlossen. Abt Dietmayr war bereits alt und müde geworden, als er 1738 – nur zwei Jahre nach der Fertigstellung – sein Lebenswerk in Flammen aufgehen sah. Ein furchtbarer Brand vernichtete wesentliche Teile des Neubaus. Nur ein Jahr später starb Dietmayr. Abermals folgten mühsame Jahre des Wiederaufbaus. Zusätzlich griffen unter Maria Theresia und vor allem Joseph II. staatliche Verordnungen tief in das Leben des Klosters ein. Eine Aufhebung blieb der Abtei Melk jedoch erspart. Auch die Turbulenzen des frühen 19. Jahrhunderts – die napoleonischen Kriege, Napoleon weilte zweimal in Melk – und die beiden Weltkriege des 20. Jahrhunderts konnten den Bestand des Klosters nicht ernsthaft gefährden.

Im neuen Glanz erstrahlt der bereits zitierte „gewaltige Sakralbau" erst seit jüngerer Zeit. Hauptsächlich durch Verkäufe und Verpachtungen, aber auch durch Einnah men aus dem Tourismus finanziert, konnte 1987 eine grundlegende Innensanierung und 1995 die Außenrestaurierung abgeschlossen werden. Neben wechselnden Ausstellungen – darunter die Niederösterreichische Landesausstellung 2000 – werden in den Kaiserzimmern ständig die wesentlichen Epochen der Geschichte sowie die Gegenwart des Klosters anhand von ausgewählten Exponaten illustriert. Ebenso dauerhaft zugänglich sind Marmorsaal und Bibliothek – sowie die Altane mit einem großartigen Ausblick auf die Donau und die Westfassade der Stiftskirche. Mit seinem Stiftsgymnasium und zahlreichen kulturellen Veranstaltungen ist das Stift Melk nach wie vor der Mittelpunkt der Region.

## Geschichte

**831** erste urkundliche Erwähnung von Melk

**ca. 976–1076** Melk ist wichtigstes Burgzentrum der 960 gegründeten Mark – 996 erstmals Bezeichnung dieser Mark als „Ostarrichi" – und Hauptburg der Babenberger in Österreich

**1014** Heinrich I. lässt den Leichnam des hl. Koloman nach Melk bringen, um der Burg einen Schutzheiligen zu bescheren.

**1089** Leopold II. wandelt Melk in ein Kloster um; am 21. März Einzug von Benediktinern

**1122** Melk wird exemt, d.h. es erhält vollständigen päpstlichen Schutz und ist unabhängig vom Passauer Bistum.

### Ein „Ausländer" als Schutzpatron

Der irische Königssohn Koloman wurde im Jahre 1012 als vermeintlicher Spion bei Stockerau gehenkt. Zu Unrecht! An seinem Grab geschah manches Wunder, was ihn posthum zum Heiligen machte. 1014 ließ Markgraf Heinrich Kolomans Gebeine nach Melk bringen. Die Hauptburg der Babenberger sollte einen Schutzheiligen haben! Der „Ausländer" Koloman wurde sogar erster Schutzpatron des Landes Niederösterreich. Erst 1663 wurde er von Leopold III. in dieser Funktion abgelöst.

**1160** voll entwickelte Klosterschule mit regem Betrieb urkundlich belegt

**1297** verheerender Brand vernichtet Kloster, Kirche, Nebengebäude und Bibliothek

**Ende 14. Jh.** wirtschaftlicher und sittlicher Tiefpunkt infolge Verschuldung, Pest, Missernten

### Legende um das Melker Kreuz

Um das Melker Kreuz, eines der kostbarsten und ältesten Stücke des Melker Kunstschatzes, rankt sich eine Legende: 1169 wurde das Meisterwerk der Goldschmiedekunst gestohlen. Ein Jahr später tauchte es im Wiener Schottenkloster auf. In einem sogenannten Gottesurteil wurde das Kreuz zwischen dem Melker und dem Wiener Abt aufgestellt. Es neigte sich dem Melker zu. In einem zweiten Verfahren legte man das Kreuz auf ein Boot, das sich daraufhin donauaufwärts Richtung Melk bewegte. 1362 ist das Melker Kreuz ein zweites Mal gestohlen worden. Der Dieb, ein Bürger aus Emmersdorf bei Melk, wollte das Kreuz in Prag Kaiser Karl IV. verkaufen. Doch er kam nur bis Maria Laach am Jauerling. Dort versteckte er den Melker Kunstschatz hinter dem Marienaltar, wurde bald ergriffen und hingerichtet.

1414 Konzil von Konstanz beschließt Reform der Benediktinerklöster, die sog. „Melker Reform“

1418–25 Unter Abt Nikolaus Seyringer wird Melk zum Muster strenger Klosterdisziplin

1429 Weihe der umgebauten Klosterkirche

16. Jh. Reformation und Türkenkriege machen dem Konvent schwer zu schaffen; neuerlicher Aufschwung im Zuge der Gegenreformation

1700 Berthold Dietmayr wird 30-jährig neuer Abt

1702–26 leitet Jakob Prandtauer unter Abt Dietmayr die Barockisierung des Stiftes

1736 Abschluss der Bauarbeiten

1738 Brand vernichtet wesentliche Teile des Neubaus

1746 Weihe der neuen Stiftskirche

18./19. Jh. prominente Besucher in Melk: Maria Theresia, W.A. Mozart (spielt auf der Stiftsorgel), Papst Pius VI., Napoleon Bonaparte (übernachtet im Kaiserzimmer)

1847 Großbrand in der Gemeinde Melk

Anfang/Mitte 20. Jh. Stift Melk überdauert die Weltkriege ohne Aufhebung

1987 Abschluss großer Restaurierungsarbeiten (innen)

1989/90 Jubiläumsausstellung „900 Jahre Benediktiner in Melk“

1995 Abschluss der Außenrestaurierung

2000 Niederösterreichische Landesausstellung (zum dritten Mal im Stift Melk) „Die Suche nach dem verlorenen Paradies. Europäische Kultur im Spiegel der Klöster.“

Die sog. Kachelvilla des Architekten Josef Plečnik, Schülers von Otto Wagner – ein Bau der frühen Moderne

Region: Wachau
Einwohner: 5800
Seehöhe: 209 m

Tourismusbüro der Stadt Melk
Babenbergerstraße 1
A - 3390 Melk
Tel.: +43 (0)2752 52307-410
Fax: +43 (0)2752 52307-490
e-mail: melk@smaragd.at
Internet: www.tiscover.com/melk
www.melker.net

## Besonders sehenswert

**Stift Melk,** Benediktinerkloster: „Das große Kulturensemble Europas"; ganzjährig geöffnet, Mai–September: 9–18.00 Uhr (Einlass bis 17.00 Uhr), Oktober–April: 9–17.00 Uhr (Einlass bis 16.00 Uhr)

**Historisches Zentrum**

Rathausplatz Melk

Ein ungewöhnlicher Blick auf Stift Melk – die herrschaftliche Eingangssituation an der Ostseite mit zwei Basteien, im Hintergrund die Berge des Waldviertels jenseits der Donau

## Feste

Pfingsten: Internationale Barocktage Stift Melk (Barockkonzerte)
Juli–August: Sommerspiele Melk im Freilichttheater
13. Oktober: Kolomanikirtag (Jahrmarkt)

## Sommersport

Radfahren (Donauradweg), Schwimmen (Erlebnisbad Wachaubad), Squash, Tennis, Wandern (Schallaburg-Wanderweg)

## Wintersport

Eislaufen (Natur: Altarm der Donau, Kunst: Eislaufplatz), Squash, Tennis

## Kulinarisches

Original Melker Kugel (Marille-Marzipan-Nougat), Melker Taler (Schokolade-Nougat mit Knusperreis), Babenberger Praline, Melker Torte

## ➤ Weiterfahrt

Melk–Schallaburg: 8 km; weiter Richtung Südosten über Loosdorf zur Schallaburg (gut beschildert).

Renaissanceschloss Schallaburg

# Schallaburg

Wenige Autominuten von Melk entfernt liegt eines der schönsten Renaissanceschlösser nördlich der Alpen. Glanzstück der Schallaburg im Gemeindegebiet Loosdorf ist der Arkadengang aus dem 16. Jahrhundert, zweigeschossig und terrakottengeschmückt. Unzählige Wappen weisen auf die vielen Besitzer des Schlosses im Laufe der Jahrhunderte hin, auch zahlreiche Allegorien und Säulenfiguren zieren den Arkadengang. Das Terrakottenmosaik aus insgesamt 1600 Einzelstücken ergibt eine lebendige Szenerie von Fabelwesen, mythologischen Figuren, Göttern, Masken und Fratzen. Romanische Wohnburg, gotische Kapelle, manieristische Gartenanlage – das sind die Kernpunkte der Schlossgeschichte.

Vater und Sohn von Schala sind die Namensgeber der Schallaburg. Graf Sighard von Schala ist als erster Besitzer des Burgberges bekannt, sein gleichnamiger Sohn gilt als der Bauherr der großen Feste. Dieser, Gemahl der Tochter des Markgrafen Leopold II. von Österreich, baute die Feste Anfang des 12. Jahrhunderts zum Zentrum einer blühenden Familie aus. Doch schon in der nächsten Generation starben die Grafen von Schala aus. In der Folge wurde die Schallaburg auf teilweise nicht mehr nachvollziehbare Weise vererbt und mehrfach an neue Adelsgeschlechter verkauft. In einer Urkunde aus dem Jahre 1242 wird erstmals die „Feste Schala“ erwähnt, landesfürstlicher Lehensträger ist ein Otto von Ottenstein. Zwei Jahrzehnte später fiel die Feste in den Besitz der Zelkinger, die vermutlich den „Schalalöwen“ von ihren Vorgängern in ihr Wappen einbrachten. Von 1450 bis 1614 gehörte die Schallaburg den Herren von Losenstein, einem hochangesehenen oberösterreichischen Adelsgeschlecht mit seiner Stammburg im Ennstal bei Steyr.

Christoph von Losenstein und ab 1558 Hans Wilhelm von Losenstein gelten als die Gestalter des Schlosses in seiner heutigen Form. Doch auch die Losensteiner hielten die Schallaburg nicht lange in ihren Reihen. Durch Verkauf wurde das Schloss stubenbergischer Besitz, der von der Steiermark aus verwaltet wurde. Hans Wilhelm von Stubenberg erhielt wegen seiner traurigen Kindheit und wegen eines körperlichen Gebrechens den Beinamen „der Unglückselige von Jugend auf“. Auf der Schallaburg jedoch verbrachte er glückliche Jahre. Seinem literarischen Talent verdankte er die Aufnahme in die „Fruchtbringende Gesellschaft“, eine 1617 gegründete deutsche Sprachgesellschaft nach dem Vorbild der italienischen Akademien. Von Hans Wilhelm von Stubenberg sind zahlreiche Übersetzungen, aber auch eigene literarische Werke erhalten, die das adelige Landleben beschreiben.

Nichtsdestotrotz war auch Hans Wilhelm genötigt, das Schloss zu verkaufen. Gut hundert Jahre im Besitz der aus dem Elsass stammenden Familie Kletzl von Altenach, war es die Familie Tinti – ursprünglich aus Italien –, die die Schallaburg erst 1940 verkaufte. Auch der neue Besitzer, Josef Freiherr von Nagel-Doornick, konnte sich seiner Errungenschaft nur kurze Zeit erfreuen. Nach dem Kriegsende 1945 musste die Schallaburg als deutsches Eigentum der russischen Besatzungsmacht übergeben werden.

Auf Grund des Staatsvertrages verwaltete ab 1955 zunächst die Republik Österreich das Renaissanceschloss. Nur teilweise wurde es den ehemaligen Besitzern rückerstattet. Schließlich schaltete sich das Land Niederösterreich ein, dem die ehemalige „Feste Schala" seit 1967 gehört – und damit den niederösterreichischen Steuerzahlern. Schloss Schallaburg hat sich seitdem zu einer kulturellen Institution entwickelt, beherbergt jährlich wechselnde kulturgeschichtliche und archäologische Ausstellungen und ist aus dem kulturellen Leben Niederösterreichs nicht mehr wegzudenken.

## Geschichte

ca. 1000–500 v. Chr. Funde bezeugen Besiedelung am Burgberg

11. Jh. erster Besitzer Graf Sighard von Schala; sein gleichnamiger Sohn vermutlich Bauherr der großen Feste

Ende 12. Jh. Grafen v. Schala sterben aus

1242 Otto von Ottenstein erscheint in einer Urkunde als landesfürstlicher Lehensträger auf der Burg; erstmalige Erwähnung der „Feste Schala"

1286 Herzog Albrecht I. von Österreich belehnt Otto von Zelkinger mit der halben Feste Schala und Zelking

1450 fällt die Schallaburg an das Geschlecht von Losenstein (Stammburg im Ennstal bei Steyr)

1558 Hans Wilhelm von Losenstein übernimmt den Ausbau der Herrschaft; In den folgenden Jahren: Fertigstellung des Schlosses, Arkadengang errichtet

Arkadengang im Innenhof der Schallaburg

**1614–1660** Schloss unter der Verwaltung der Herren von Stubenberg (Steiermark)

**1660** Verkauf des Schlosses an die Familie der Kletzl von Altenach

**1762** Verkauf an Bartholomäus Freiherrn von Tinti

**1906–08** Renovierung des Arkadenhofs

**1940** Verkauf der Schallaburg an die Familie von Nagel-Doornick

**1945** Die Schallaburg muss als deutsches Eigentum der russischen Besatzungsmacht übergeben werden.

**1955** Republik Österreich übernimmt die Verwaltung; teilweise Rückerstattung an die Besitzer

**1967** Land Niederösterreich kauft die Schallaburg

**ab 1968** Bestandssicherung und grundlegende Restaurierung

**1971** Widmung als Kulturzentrum für Ausstellungen verschiedenster Art

**1974** Eröffnung einer großen Renaissanceausstellung; seitdem bedeutendes kulturelles Zentrum Niederösterreichs

### Königlicher Besuch

„Als 1147 das französische Kreuzfahrerheer die Donau entlang in das Heilige Land zog, weihte Bischof Heinrich von Troyes, ein Verwandter von Heinrich und Sighard von Schala, eine Kirche in Pielach [...] im Beisein der beiden Grafen. Da der Bischof zur engsten Umgebung König Ludwigs VII. von Frankreich gehörte, wird vermutet, dass der König mit der ihn begleitenden jungen, schwangeren Königin Eleonore auf der Schallaburg seinen Aufenthalt nahm." (aus: Arco-Zinneberg, Schloss Schallaburg bei Melk, 2000)

Region: Melktal
Seehöhe: 317 m

Schloss Schallaburg
A - 3382 Loosdorf
Tel.: +43 (0)2754 6317
Fax: +43 (0)2754 6317-55
e-mail: office@schallaburg.at
Internet: www.schallaburg.at

## Besonders sehenswert

Renaissanceschloss Schallaburg (urspr. 12. Jh.); Kulturzentrum für Ausstellungen unterschiedlichster Art; geöffnet täglich von Mai–Anfang November,
Mo–Fr 9–17.00 Uhr,
Sa, So und Feiertag 9–18.00 Uhr

## Feste

September: Spielefest für Jung und Alt
3. Adventswochenende: Advent auf der Schallaburg

## Kulinarisches

eigenes Restaurant; spezifische Gerichte zu den Ausstellungen

## ➤ Weiterfahrt

Schallaburg–Maria Laach: 19 km; zurück Richtung Melk, über die Donaubrücke, kurzes Stück Richtung Krems und Spitz (B 3); in Schallemmersdorf links auf den Jauerling nach Maria Laach.

# Maria Laach am Jauerling

Nach einem außergewöhnlich schönen und kurvenreichen Abschnitt der Romantikstraße, die hier für kurze Zeit das Donautal verlässt und in die Berge der Wachau führt, erreichen wir den Wallfahrtsort Maria Laach am Jauerling. Wir befinden uns rund 380 Meter über dem Donautal; auf 959 Meter Seehöhe liegt der Jauerlinggipfel. Die idyllische Lage des bei vielen Blumenschmuck-aktionen preisgekrönten Erholungsdorfes hinterlässt den prägenden Eindruck beim Besucher. Zahlreiche Wander- und Radwege laden dann auch zur näheren Erkundung des Ortes und seiner Umgebung ein.

Neben der romantischen Waldlandschaft, den Wiesen und Feldern gilt der Pfarrkirche Maria Laach und ihrer Wallfahrtsgeschichte unser Interesse. Die mittelalterliche Ausstattung der Pfarrkirche hat sich bis heute weitgehend erhalten. Der historische Ursprung der Kirche ist nicht bekannt, die Anfänge dürften jedoch bis in das 12. Jahrhundert zurück gehen. Man vermutet, dass die erste Kapelle mit Lohrinde gedeckt gewesen war und sich davon der Ortsname „Lo“ ableitet, aus dem später „Laach“ wurde. In der Lebensbeschreibung des hl. Bischof Altmann in Göttweig findet sich ein Hinweis auf eben dieses „Lo“.

Im Jahre 1680 – dem dritten großen Pestjahr in jenem Jahrhundert – legten alle Pfarren des südlichen Waldviertels das Gelöbnis ab, alle Jahre nach Maria Laach zu pilgern. Viele halten sich bis heute daran. Einen Pilgerschub gab es den Geschichtsbüchern zufolge besonders nach der wundertätigen Heilung eines blinden Kindes in Maria Laach (1719).

Zu den besterhaltenen spätgotischen Schnitzwerken Niederösterreichs gehört der Hochaltar der Pfarrkirche. Der Doppelflügelaltar wurde um 1500 erbaut und wird Meister Stephan Kriechbaum aus Passau zugeschrieben. Zu der Zeit war die Pfarrei dem Kollegialstift Vilshofen in Niederbayern angegliedert. Als Gnaden- und Andachtsbild verehrt wird das Tafelgemälde „Mutter Gottes mit den sechs Fingern“ in der Pfarrkirche Maria Laach. Es wurde vermutlich unter Hans Ludwig Reichsgraf von Kuefstein im Zuge der Gegenreformation der Kirche gestiftet. Der Maler selbst ist genauso unbekannt wie die Antwort auf die Frage, ob es sich bei der Madonna mit sechs Fingern um ein Versehen des Künstlers handelt.

Das Adelsgeschlecht Kuefstein war prägend für Maria Laach. Bis zum Ende des 13. Jahrhunderts zurück reicht die Geschichte der Kuefsteiner in dem Wallfahrtsort. Hans Kueffstainer wird als Pfleger bzw. Verwalter der Herrschaft Spitz mit Maria Laach am Jauerling als erster Kuefsteiner urkundlich erwähnt. Sein Urenkel Hans Wilhelm von Kuefstein (geb. 1410) trat bereits als Besitzer und Herr desselben Gebietes in Erscheinung. Zur Zeit der Reformation war Susanna Freiin von Kuefstein, erste Gemahlin von Johann Georg III., mitbestimmend (1562–1634). Sie berief den Priester Wolfgang Crell aus Bayern nach Maria Laach, damit er die protestantische Lehre predige. Das prachtvolle Hochgrab ihres Mannes ist in der Pfarrkirche zu bewundern. Das 1607 entstandene

◄ Ortsansicht von Maria Laach am Jauerling

Monument wird dem berühmten flämischen Bildhauer Alexander Colin (1527 od. 1529–1612) zugeschrieben. Es zeigt den auf Knien betenden mächtigen Grundherrn in voller Rüstung, der Helm mit offenem Visier steht abgestellt davor. Kriegstrophäen, Waffen, Lanzen, Trommeln und sogar ein Landsknecht mit einer Kanone schmücken den Sockel.

Das Ende der Kuefsteiner Herrschaft in Maria Laach wurde 1657 durch den Verkauf der Herrschaft Spitz besiegelt. 1758 wurde die Kuefsteiner Erbgruft unter Kaiser Joseph II. gar gewaltsam geöffnet. 21 kupferne Särge wurden eingeschmolzen und zum Materialpreis verkauft. Auch Wappenschilde und Inschriften wurden dabei zerstört.

Mitte des 20. Jahrhunderts wurde am Jauerling ein 32 Meter hoher hölzener Aussichtsturm aufgestellt. Sein Vorgänger war 1898 errichtet worden, 21 Meter hoch, und hatte zahlreiche Besucher angelockt und damit zusätzlich zum religiös motivierten Pilgerwesen den Fremdenverkehr angekurbelt. Apropos: Im Winter kann man hier Schifahren – sogar nachts bei Flutlicht! Außerdem steht seit 1957 ein Fernsehsender auf dem höchsten Berg der Wachau: dem 959 Meter hohen Jauerling.

## Geschichte

830 Bergname Jauerling erstmals urkundlich erwähnt, entweder vom slawischen Javornik=Ahornwald oder aber von „Joarling"=Gottesfeuerberg abgeleitet

Mitte 12. Jh. Hinweis auf Bestand des Ortes

1193 erster Hinweis auf die mit Lohrinde gedeckte Kapelle (Ortsname „Lo", später Laach) in der Lebensbeschreibung des hl. Bischof Altmann in Göttweig

1274 Hans Kueffstainer – erster urkundlich genannter Kuefsteiner – wird Verwalter der Herrschaft Spitz mit Maria Laach am Jauerling

1336 Kapelle urkundlich erstmals erwähnt

1410 Hans Wilhelm von Kuefstein ist erstgenannter Besitzer und Inhaber der Herrschaft Spitz

1432 Pfarrei wird Kollegialstift Vilshofen in Niederbayern angegliedert

1480–1500 Bau des spätgotischen Flügelaltars, wahrscheinlich durch Stephan Kriechbaum aus Passau

1562–1634 Reformation bringt protestantische Zeit; Susanna Freiin von Kuefstein beruft einen Priester aus Bayern, um die protestantische Glaubenslehre zu predigen.

1574 Bau des alten Pfarrhofs

1576 Johann Georg III. von Kuefstein kauft die Herrschaft Spitz zurück, die von seinem Großvater an Johann Graf von Hohenzollern verkauft worden war.

1607 Renaissance-Freigrab für Johann Georg III., geschaffen von Alexander Colin

1634 Beginn der Gegenreformation; neuer Pfarrhof, katholische Priester ziehen wieder ein

Maria Laach am Jauerling mit Wallfahrtskirche

1636 Tafelgemälde „Mutter Gottes mit den sechs Fingern" geweiht.

1657 Ende der Kuefsteiner Herrschaft

1719 Bericht über die wundersame Heilung eines blinden Kindes; Beginn der Wallfahrten

1785 Pfarrei kommt zum Bistum St. Pölten

1789 gewaltsame Öffnung der Kuefsteiner Erbgruft unter Kaiser Joseph II.

1898 erster Aussichtsturm auf dem Jauerling

1955–57 ORF-Sendegebäude am Jauerling errichtet

### Erzherzoglicher Sommerausflug

Hoher Besuch in Maria Laach! Am 24. August 1841 tragen sich die Erzherzöge Franz Joseph (später Kaiser von Österreich), Ferdinand Maximilian (später Kaiser von Mexiko) und Karl Ludwig (später immerhin Statthalter von Tirol) in das im Pfarrhaus aufbewahrte „Gedenkbuch für Natur- und Altertumsfreunde des Jauerlings" ein. Mit leichter Verspätung – am 22. September – berichtet die Wiener Zeitung über den erzherzoglichen Sommerausflug.

Region: Wachau-Nibelungengau
Einwohner: 930
Seehöhe: 644 m

Gästeservice Maria Laach
A - 3643 Maria Laach 22
Tel.: +43 (0)2712 8222
Fax: +43 (0)2712 8222-5
e-mail: gemeinde@marialaach.at
Internet: www.marialaach.at

## Besonders sehenswert

**Wallfahrtskirche Maria Laach** mit spätgotischem Flügelaltar, einzigartigem Renaissance-Freigrab und „Mutter Gottes mit sechs Fingern“

**Aussichtswarte Jauerling**

**Naturpark Jauerling-Wachau**

Renaissance-Freigrab Hans Georgs III., geschaffen 1607 von Alexander Colin

Gnadenbild „Mutter Gottes mit sechs Fingern“ (1440) in der Wallfahrtskirche Maria Laach

## Feste

2. Juli: Kirtag
15. August: Heimatabend
8. Dezember: Adventssingen

## Sommersport

Radfahren, Wandern

## Wintersport

Schilift Jauerling mit Flutlicht

## ➤ Weiterfahrt

Maria Laach am Jauerling-Spitz: 19 km; bergab den Schildern der Romantikstraße folgend; herrlicher Ausblick ins Donautal; Serpentinen – Weinberge – Spitz.

Spitz an der Donau im Herzen der Wachau

# Spitz

Steinerne Zeugen der Geschichte vergegenwärtigen einen Zeitraum von über 1000 Jahre, die den idyllischen Ort im Donautal geprägt haben: die Ruine Hinterhaus, das Rote Tor, Schloss Spitz und Schloss Erlahof, die spätgotische Kirche, die Bürgerhäuser – und nicht zuletzt die Weinkeller in Spitz an der Donau. Hier schließt sich der Kreis in der Gegenwart. Die Wachau – wir befinden uns direkt in ihrem Herzen – ist das berühmteste Weinbaugebiet Österreichs.

Die Böden und das einzigartige Klima lassen seit vielen Jahrhunderten rund um den Tausendeimerberg Spitzentrauben heranreifen. Das Ergebnis: fruchtig-pfeffriger Grüner Veltliner, fein duftender Neuburger, Riesling mit elegantem Säurespiel. Ein Eldorado für Weinkenner. Durch die besondere Bodenformation und das subtile Mikroklima unterscheidet sich die Wachau von allen anderen Rebkulturflächen Europas. Die nahezu permanente Luftzirkulation beeinflusst die Bukettausbildung in den Trauben wesentlich. Zusammen mit den kargen Urgesteinsböden prägt sie den aus den Trauben gekelterten Wein.

Ob Kenner oder nicht, wer den einzigartigen, reinen Wachauer Wein genießen will, der achte auf das Siegel „Vinea Wachau Nobilis Districtus". Die rund 200 Weingärtner dieses Schutzverbandes führen ausschließlich Weine aus der Wachau, deren Trauben zwischen Melk und Krems gelesen worden sind. Der Name der Vereinigung geht auf Leuthold I. von Kuenring/Dürnstein zurück. Als „Vinea Wachau Nobilis Districtus" bezeichnete der „Oberste Schenk in Österreich" (1243–1313) das Kernstück seiner Besitzungen, das heutige „Weinbaugebiet Wachau".

Zurück zu den steinernen Zeugen. Im Spitzer Ortsteil Hinterhaus, westlich des Marktzentrums, liegt auf einem Ausläufer des Hausbergs die Ruine Hinterhaus. Zur Zeit ihrer erstmaligen Erwähnung im Jahre 1243 gehörte sie dem Geschlecht der Kuenringer und war Wohnsitz der Ritter von Spitz. Der langgestreckte Bau mit drei Höfen verödete jedoch bereits nach 1500. Der Name „Hinterhaus" bedeutete ursprünglich „die hintere Burg". Mit dem Wort „Haus" wurde im Mittelalter ein befestigtes Gebäude genannt, also eine Burg. Obwohl nur noch als Ruine erhalten, gestatten die Überreste einen recht genauen Überblick über die ursprüngliche Bauanlage. Ein besonders eindrucksvolles Bild gibt die beleuchtete Ruine bei Dunkelheit ab.

Im Laufe der Zeit trat das Schloss im Markt, ursprünglich das „Vordere Haus", an die Stelle der Burg. Die Obrigkeit hatte die enge und unbequeme Burgfeste aufgegeben und sich inmitten des Lebens und Treibens der Bürger niedergelassen. Schon im 15. Jahrhundert hatte bürgerlicher Wohlstand in Spitz Einzug gehalten, vor allem Dank des Weinbaus.

Gegen Ende des 16. Jahrhunderts erwarben die Freiherren von Kuefstein die Herrschaft Spitz, die in den religiösen Kämpfen von Reformation und Gegenreformation eine entscheidende Rolle spielten (vgl. Maria Laach). Gegen Ende des Dreißigjährigen Krieges, im Jahre 1645, fielen die Schweden von Böhmen kommend in Spitz ein. Das Rote Tor – einzig erhaltener Teil der äußeren Befestigungslinie des Marktes – leitet von den blutigen Kämpfen dieser Zeit seinen Namen ab.

Im historischen, kopfsteingepflasterten Ortskern steht ein Brunnen aus dem 18. Jahrhundert, daneben das Wahrzeichen des Marktplatzes, eine mächtige Rosskastanie, gepflanzt 1846. Die Pfarrkirche zum heiligen Mauritius – älteste urkundliche Nachricht aus dem Jahre 1131 – weist als architektonische Besonderheit einen Knick in der Längsachse auf: Der Chor ist schief angesetzt, weicht um 20° nach Nordost. Besonders sehenswert ist der Kirchturm mit einem romanischen Kopf mit Kreuz und Resten gotischer Fresken aus dem 14. Jahrhundert. Im Inneren der Kirche sei der Hochaltar hervorgehoben, der zuvor in der Stiftskirche von Niederalteich gestanden hatte. Dem bayrischen Kloster war noch von Karl dem Großen der „locus Wahowa“ geschenkt worden. Erst als es 1803 säkularisiert wurde, wurde die Pfarre Spitz eigenständig. Das Altargemälde der Marter des heiligen Mauritius, des Schutzheiligen des Stifts Niederalteich, schuf 1799 Martin Johann Schmidt gen. Kremser Schmidt.

Ebenfalls im Besitz des Stifts Niederalteich war ursprünglich der Erlahof. Der alte Wirtschaftshof umfasst ein Herrenhaus und ein Wirtschaftsgebäude mit reizvollen barocken Gibelfassaden in venezianischem Stil. Hier ist seit 1970 das reich ausgestattete Schifffahrtsmuseum von Spitz einquartiert, ein Spezialmuseum der historischen Ruder- und Floßschifffahrt auf der Donau.

Angesichts all dessen verwundert es kaum, dass auch die Wachau seit Dezember 2000 in die UNESCO-Liste als Weltnatur- und Weltkulturerbe (vgl. Hallstatt) aufgenommen ist.

## Geschichte

830 erstmalige Erwähnung als „Locus Wahowa“

865 erstmals erwähnt als „ad Spizzun“

1131 erstmalige Erwähnung der Kirche zum hl. Mauritius

1149 erstmalige Erwähnung des Erlahofs

1243 Burg auf dem Berg erwähnt: „Castrum in monte“ (heutige Ruine Hinterhaus)

13. Jh. Schloss zu Spitz erbaut

1347 erstmalige Erwähnung des Marktes Spitz

1504 Spitz geht in den Besitz der Habsburger über, anschließend Verkauf an Adelige, wechselnde Besitzer

1590 Unter den Herren von Kuefstein ist Spitz fast ausschließlich evangelisch.

1613 Bau des sog. Pastorenturms

### Einzig und unvergleichlich

„Um die Einzigartigkeit der Weine aus den Weingärten des Donautales zwischen Melk und Krems zu betonen und um die bestmöglichen Voraussetzungen für die Kelterung höchster Qualitäten zu schaffen, klassifizierte der Schutzverband Vinea Wachau die Weine der Wachau in drei Kategorien: Steinfeder, Federspiel und Smaragd. Damit folgte man nicht nur dem Vorbild bedeutender Weinbauländer wie Frankreich und Italien, sondern entwickelte ganz speziell auf Basis der in der Wachau gegebenen weinbaulichen Möglichkeiten die Rahmenbedingungen für Qualitätsweine, wie sie nur hier und nirgendwo sonst auf der Welt wachsen können. Wachauer Wein ist deshalb einzig und unvergleichlich." (aus der Wachauer Weinbibel „Vinea Wachau Nobilis Districtus")

Spitz an der Donau, umgeben von Weinbergen am Fuße des Waldviertels

1618–48 Dreißigjähriger Krieg bringt Not und Verderben nach Spitz

1630 Einleitung der Gegenreformation

1645 Schweden plündern Spitz

1680 und 1713 Pestjahre

1724 Weihe des Hochaltars (ehemaliger Altar der Basilika von Niederalteich); Altarbild des hl. Mauritius von Martin Johann Schmidt gen. Kremser Schmidt (1718–1801) später eingefügt

1803 Säkularisierung des Klosters Niederalteich, Pfarre Spitz seither selbständig

1846 Die alte Rosskastanie – bis heute Wahrzeichen des Marktplatzes – wird gepflanzt.

1853/54 Marktplatz erhält heutige Gestalt

1891 Regulierung der Donau; neue Siedlungen

1909 Eröffnung der Wachauerbahn (Anschluss an das österreichische Eisenbahnnetz)

1957/58 Renovierung der Pfarrkirche

1970 Eröffnung des Schifffahrtsmuseums im Erlahof

1972 Arbeitskreis zum Schutz der Wachau gegründet

1994 Die Wachau erhält vom Ministerkomitee des Europarates das Europadiplom für fünf Jahre

1999 Europadiplom wird verlängert

2000 Wachau wird „Weltkultur- und Naturerbe" der UNESCO

### EU-geschützte Marillen

Die „Wachauer Marillen" sind nicht nur weit über die niederösterreichischen Grenzen hinaus bekannt. Sie haben sogar einen EU-weit geschützten Markennamen. Ob direkt aus der Obststeige, in flaumiger Knödelhülle oder flüssig als Edelbrand – wer die Wachauer Marillen verkostet hat, weiß, dass hier nicht nur Weintrauben gut gedeihen. Der dazu passende traditionelle Marillenkirtag wird in Spitz jedes Jahr am letzten Juli-Wochenende zelebriert.

Erlahof in Spitz: Schifffahrtsmuseum

Region: Wachau
Einwohner: 1930
Seehöhe: 207 m

Tourismusverein Spitz an der Donau
Mittergasse 3a
A – 3620 Spitz
Tel.: +43 (0)2713 2363
Fax: +43 (0)2713 2988
e-mail: info.spitz@wvnet.at
Internet: www.tiscover.com/spitz

## Besonders sehenswert

**Historischer Marktplatz**

**Pfarrkirche Spitz,** spätgotische dreischiffige Kirche (15. Jh.)

**Schloss zu Spitz** (13. Jh.; Umgestaltung 16./17. Jh.)

**Rotes Tor:** einziger noch bestehender Überrest der alten Marktbefestigung von Spitz aus dem 13. Jahrhundert

**Burgruine Hinterhaus** (12. Jh.)

**Schifffahrtsmuseum im Erlahof** (altes Herrenhaus mit Wirtschaftsgebäude); geöffnet April–November, täglich 10–12.00 Uhr und 14–16.00 Uhr, So und Feiertage: 10–12.00 Uhr und 13–17.00 Uhr.

## Feste

Juni: Spitzer Sonnwendfeier
letztes Wochenende im Juli: Marillenkirtag
erster Sonntag im Oktober: Erntedank-Festzug mit Volkstanz

## Sommersport

Radfahren, Schwimmen (Erlebnisbad), Tennis, Wandern
September: Wachau Marathon

## Kulinarisches

Marillenknödel, Marillenmarmelade, Marillenbrand und -likör

## ➤ Weiterfahrt

Spitz–Krems: 20 km; weiter entlang der Donau auf der B 3 direkt nach Krems.

Die Wachau, seit Dezember 2000 Weltkulturerbe der UNESCO, im Bild die Ruine Hinterhaus in Spitz

Stein bei Krems in der Wachau, im Hintergrund Stift Göttweig

# Krems

Wer in Spitz vor lauter Sehenswürdigkeiten nicht zum Weinverkosten gekommen ist, kann dies getrost in Krems nachholen. Nicht weil es hier weniger zu bestaunen gäbe, sondern weil hier ebenso erstklassiger Rebensaft ausgeschenkt wird. Nicht umsonst nennt sich Krems die Weinstadt an der Donau, mehr noch: die „Österreichische Weißweinhauptstadt". Mit der Auszeichnung „Città del Vino" wurde Krems als erste Stadt Österreichs in die Reihe der berühmtesten europäischen Weinstädte aufgenommen. Im Kloster Und finden heute kommentierte Verkostungen statt. Das ehemalige Kapuzinerkloster wurde 1987 renoviert und beherbergt seitdem das „Haus des niederösterreichischen Weins", sowie die Büroräume des Toursimusverbandes – ein guter Ausgangspunkt für die Erkundung der bezaubernden Stadt. „Und" war quasi der Verbindungsort zur Schwesternstadt Stein, mit der Krems ab dem 12. Jahrhundert als Doppelstadt in engster Verbindung stand. Beide Städte besaßen ihre eigene Stadtmauer, waren eigene Bürgergemeinden und hatten jeweils eigene Rathäuser. Stadtrecht, -siegel und -wappen, Bürgermeister und Stadtrichter teilten sie jedoch geschwisterlich. Zu der Zeit erkoren die Babenberger Krems zum ersten Ort, an dem sie Münzen prägten, den sog. „Kremser Pfennig".

An einer der wichtigsten Handelsstraßen Europas gelegen – der Donau – entwickelte sich Krems-Stein im Mittelalter zu einem bedeutenden Handelszentrum und Marktplatz. Der Reichtum erklärt auch die hohe Qualität der mittelalterlichen Kirchenbauten in Krems. Teil der mittelalterlichen Befestigungsanlage war das Steiner Tor, heute das Kremser Wahrzeichen. Neben dem Handel spielte schon im Mittelalter der Weinbau eine bedeutende Rolle. Er befand sich überwiegend in der Hand der Geistlichkeit. Über 50 Klöster und Stifte aus Bayern, Salzburg, Ober- und Niederösterreich hatten hier Grundbesitz. Besonders hervorzuheben sind zwei Klöster, die sich Mitte des 13. Jahrhunderts in Krems gründeten: das Dominikaner- und das Minoritenkloster.

Das ehemalige Dominikanerkloster zählt zu den bedeutendsten Klosterbauten Mitteleuropas und ist heute allein schon durch die hohe Qualität seiner Architektur ein Anziehungspunkt für Kunstkenner aus aller Welt. Innerhalb der historischen Mauern ist das WEINSTADTmuseum untergebracht: 30.000 Jahre Kulturgeschichte, kostbare Handwerkskunst, wertvolle Skulpturen, erlesene Gemälde – darunter Werke des berühmten Barockmalers Martin Johann Schmidt, gen. Kremser Schmidt. Die Minoritenkirche im Stadtteil Stein erlebte einen ähnlichen Werdegang, wurde zwar zeitweise als Tabakfabrik verwendet, dient heute jedoch ebenso als würdiger Rahmen für Kunstausstellungen.

In der wunderschönen Kremser Altstadt führt die schmale Fußgängerzone entlang prächtiger Bürgerhausfassaden zur Stadtpfarrkirche St. Veit. Hier stand bereits um 1153 eine Veitskirche; der heutige Bau wurde 1616–30 von Baumeister Cypriano Biasino (1580–1636, gestorben in Krems) errichtet. An der Innenausstattung des 18. Jahrhunderts hat auch der Kremser Schmidt mitgewirkt. Unter anderem stammen die fünf großen Deckenfresken von ihm.

Wahrhaft ins Mittelalter zurück versetzt fühlt man sich auf dem Weg zur Piaristenkirche, die vermutlich 1014 als St. Stephanskirche gegründet wurde. Die Margaretenstraße und der Hohe Markt sind mit Pflastersteinen ausgelegt. In Gedanken hört man Hufe rhythmisch auf dem Steinboden klappern und sieht die schnaubenden Pferde ihre Kutschen die schmalen Gassen entlang ziehen. Von der auf einer leichten Anhöhe thronenden Piaristenkirche führt die überdachte Piaristenstiege gleich einem Tunnel mit Fenstern und Gittern wieder in den unmittelbaren Stadtkern. Dieser hält noch so manches architektonisch-romantische Kleinod parat, wie die Gozzo-Burg aus dem 13. Jahrhundert, das Rathaus mit seinem Renaissanceerker oder eben die vielen Bürgerhäuser mit Laubengängen.

Angesichts des Gesehenen verwundert es kaum, dass Krems auf dem Gebiet der Altstadterhaltung und Denkmalpflege mehrfach internationale Anerkennung gefunden hat. Das Attribut „modern" hat sich die historische Donaustadt besonders als Schul- und Bildungsstandort verdient, nicht zuletzt durch die 1994 geschaffene Donau-Universität. Sie verwirklicht den Universitätstypus der postgradualen Aus- und Weiterbildung.

### Zwischen Krems UND Stein

„Was liegt zwischen Krems und Stein?" Schon die frühen Schiffsleute stellten sich die scherzhafte Frage. Die einfache Antwort lautet: „Und". So nannte man die kleine Ansiedlung zwischen den Stadtmauern von Krems und Stein. Im ehemaligen Kapuzinerkloster Und kann man heute Wein verkosten. Außerdem ist hier das Tourismusbüro der Stadt und der Fremdenverkehrsverband Wachau-Nibelungengau untergebracht.

## Geschichte:

**995** erste Erwähnung „Chremisa" in einer Urkunde Kaiser Ottos III.

**1014** Gründung der Pfarre Krems

**1072** erste Nennung von Stein

**1120–90** ältester babenbergischer Münzort, sog. „Kremser Pfennig"

**ab 12. Jh.** Krems und Stein als Doppelstadt; gemeinsames Stadtrecht, aber eigene Stadtmauern und Rathäuser

**1230** Ansiedelung der Dominikaner und Minoriten

### Denkmal für einen Pantoffelhelden

Auf einem markanten Platz am Ostrand der Kremser Altstadt wurd e dem Kremser Pantoffelhelden – hier sagt man „Simandl" – ein Denkmal gesetzt. Oder seiner Frau? Die Szene am Simandlbrunnen zeigt jedenfalls den Zecher, der vom Trinken zu spät nach Hause kommt und seine Ehefrau kniend um Verzeihung bittet. Anders gesagt, er wird von seinem Weibe verprügelt. Die wiederum – so überliefert es der Volksmund – wurde wegen ihrer offensichtlichen Durchsetzungskraft zum Vorbild für viele Frauen.

**1260–70** die „Gozzoburg" am Hohen Markt wird zum Stadtpalais umgestaltet (Kremser Stadtrichter Gozzo)

**1305** Doppelstadt Krems-Stein erhält das Wiener Stadtrecht

**1463** Brückenbauprivileg zur Errichtung einer festen Donaubrücke zwischen Stein und Mautern; Kaiser Friedrich III. verleiht der Stadt das noch heute gültige Stadtwappen

**1477** Bau des Pulverturms, heute ein letzter Rest der Stadtbefestigung

**1515** Fertigstellung der Kremser Frauenbergkirche (Piaristenkirche)

Steiner Tor, das Wahrzeichen von Krems

**17. Jh.** Donauhandel verliert an Stellenwert, wirtschaftlicher Niedergang

**1614** Gründung des Kapuzinerklosters

**1616** Baubeginn der barocken Pfarrkirche und Errichtung eines Jesuitenkollegiums

**1645/46** Besetzung durch die Schweden (Dreißigjähriger Krieg)

**1722** Gründung des Institutes der Englischen Fräulein (Klosterorden)

**1800** Mozartforscher Ludwig Köchel (Köchelverzeichnis) in Stein geboren

**1801** Tod des bedeutenden spätbarocken Malers Martin Johann Schmidt (Kremser Schmidt) in Stein

**1805** Napoleonische Truppen besetzen Krems

**1837** Eröffnung der Donaudampfschifffahrt, Anlegestelle in Stein

**1849/50** Trennung der Städte Krems und Stein, die bis zum Jahre 1938 bestehen bleibt

**1872** Krems wird an das Bahnnetz angeschlossen (Franz-Josefs-Bahn)

**1909** Eröffnung der Donauuferbahn

**1975** Preis des Europarates für vorbildliche Denkmalpflege

**1987** Restaurierung des ehemaligen Kapuzinerklosters

**1994** Donau-Universität Krems (postgraduale Aus- und Weiterbildung) gegründet

**1995** 1000-Jahr-Feier der Stadt Krems

**1996** Eröffnung des WEINSTADT-museums Krems

**2000** Aufnahme der Wachau in die Liste des Weltkulturerbes, die Altstadtbereiche von Krems und Stein eingeschlossen

Region: Wachau-Nibelungengau
Einwohner: 23000
Seehöhe: 221 m

Tourismusbüro Krems
Undstraße 6
A - 3504 Krems
Tel. +43 (0)2732 82676
Fax +43 (0)2732 70011
e-mail: austropa.krems@netway.at
Internet: www.tiscover.com/krems
www.verkehrsbüro.at

## Besonders sehenswert

**ehemaliges Kapuzinerkloster Und:** Weinverkostungen; ganzjährig geöffnet Mi–So 13–19.00 Uhr

**Steiner Tor:** Teil der mittelalterlichen Befestigungsanlage

**Stadtpfarrkirche St. Veit:** Neubau im 17. Jh., Deckenfresken vom Kremser Schmidt

**WEINSTADTmuseum Krems** in der ehem. Dominikanerkirche (um 1230); geöffnet März–November, Di 9–18.00 Uhr, Mi–So 13–18.00 Uhr

**ehemaliges Minoritenkloster in Stein**

**Motorrad Museum Krems-Egelsee;** geöffnet März–November, täglich 9–17.00 Uhr

**Römermuseum Favianis-St. Severin** in Mautern; geöffnet April–November, Mi–So 10–12.00 Uhr, Fr–Sa 16–18.00 Uhr

**Kunsthalle Krems;** geöffnet täglich außer Mo 10–18.00 Uhr

## Feste

Juni: Donaufestival (Theater und Musik)

Rebentor in Stein bei Krems

## Sommersport

Radfahren, Segeln, Squash, Tennis, Wandern, Yachthafen

## Kulinarisches

Marillenknödel, Kremser Rieslingsuppe, Donaufische; Kremser Weine

## ➤ Weiterfahrt

Krems–Stift Göttweig: 7 km; ein kurzes Stück auf der S 33 Richtung Süden, über die Donaubrücke; gute Beschilderung zum Stift Göttweig.

Benediktinerstift Göttweig in Niederösterreich

# Göttweig

Noch bevor man kurz nach Krems die Donau überquert, begrüßt den Reisenden, Ehrfurcht gebietend auf dem Bergkegel der südlichen Flussebene thronend, das Stift Göttweig. Das Benediktinerkloster im Ortsgebiet von Furth bei Göttweig wirkt zunächst wie eine prachtvolle, schwer einzunehmende Festung. Erst auf den zweiten Blick fallen zwei stumpfe, rosafarbene Zeltdächer ins Auge, die hinter der Außenfassade die Stiftskirche erahnen lassen.

Grandios ist der Ausblick, mit dem man nach dem Aufstieg oder der Auffahrt zum Stift belohnt wird. Das Donautal am östlichen Ausgang der Wachau liegt dem Stiftsbesucher zu Füßen. Spätestens jetzt erweist sich die Bezeichnung Göttweigs als österreichisches Montecassino als einleuchtend. Jüngstes Indiz für die Bedeutung des Stiftes: Göttweig wurde im Dezember 2000 gemeinsam mit der „Kulturlandschaft Wachau" in die Weltkulturerbeliste der UNESCO aufgenommen.

Ein Vertriebener ist der Urvater des Stiftes auf dem Tafelberg. Bischof Altmann von Passau war im sogenannten Investiturstreit ein treuer Verfechter Papst Gregors VII. und seiner Ideen. Dies trug ihm nicht nur die Ablehnung mancher Kleriker und Bischöfe ein, auch weltliche Fürsten stellten sich gegen ihn. In den Ostteil seiner Diözese abgeschoben, stellte er am 9. September 1083 die Gründungsurkunde des Stiftes Göttweig aus, das zunächst für Augustiner Chorherren vorgesehen war. Schon drei Jahre nach seinem Tod traten im Jahr 1094 Benediktiner an deren Stelle. Als Benediktinerabtei erlebte das Stift Göttweig alle Höhen und Tiefen der folgenden Jahrhunderte. Heute eröffnet sie ihren Gästen nicht nur einen Einblick ins moderne Klosterleben. Auch die in Jahrhunderten angesammelten Kunstschätze sind der Öffentlichkeit in den prunkvollen Räumen des Kaisertrakts zugänglich.

Auf der Nordseite liegt der Eingang des Stifts. Vorbei an der hotelähnlichen Eingangshalle mit Reception, Ticketkasse für Besichtigungen und Führungen, Klosterladen und Stiftsrestaurant führt der „Klostergang" in das Innere der Stiftsanlage. Auf diesem Weg wird mit Bildern und Texten das Leben der Göttweiger Mönche präsentiert, quasi als Einstimmung auf das, was den staunenden Besucher wenig später erwartet.

Der Stiftshof: Ein weiter Innenhof, in der Mitte die prachtvolle Kirche mit ihrer klassizistischen Säulenvorhalle. Ihr fröhliches Farbenspiel – die Fassade ist von einem zarten Rosa beherrscht – setzt sich im Inneren fort. In blauen und, wie es fachmännisch heißt, morellensalzfarbenen Farbtönen werden Stuck und Marmor vorgetäuscht. Doch auch plastischer Stuck, kleinteilige Fresken aus Stein, die Holzausstattung und das blau-gold-braune Orgelgehäuse prägen das Bild. Mittelpunkt ist die hoch aufragende, figurenreiche Altarbühne als Rahmen für das Hochaltarbild des Münchner Malers Andreas Wolff aus dem Jahre 1694. In der Krypta befindet sich die Grablege des Gründers von Stift Göttweig, Bischof Altmann von Passau. 14 Stufen einer breit geschwungenen Freitreppe führen aus der Stiftskirche, dem Zentrum des geistlichen Lebens in Göttweig, zurück in den Innenhof.

Im Kaisertrakt ist ein Museum eingerichtet. Doch nicht nur die Exponate des bekannten Graphischen Kabinetts, einer der größten Privatsammlungen von Druckgraphik in Österreich, lohnen den Besuch. Hier sind es vor allem die Räumlichkeiten, die einem regelrecht die Sprache verschlagen. Einzigartig ist vor allem die dreiteilige Göttweiger Kaiserstiege. Sie reicht über drei Geschosse und gilt als eines der schönsten und größten barocken Treppenhäuser Europas. Ohne Zweifel stellt sie den künstlerischen Höhepunkt in Göttweig dar.

Franz Anton Pilgram (1699–1761) ist der Vater der Kaiserstiege. Der Vater des Kremser Schmidt wiederum, Johann Schmidt (1688/89–1761), hat die Figurenausstattung beigesteuert. Das monumentale Deckenfresko der Apotheose Kaiser Karls VI. stammt von Paul Troger. Es ist nahezu unverändert aus dem Jahre 1739 erhalten und erweist sich als persönliche Huldigung des Abtes Gottfried Bessel an den Kaiser. Die originale Vorlage für Trogers Deckenfresko wurde erst 1997 bei einer Auktion in London aus Privatbesitz ersteigert. Das Gemälde ist im Kaisertrakt ausgestellt.

Kaum vorstellbar, dass im heutigen Stift nur ein Teil der Baupläne verwirklicht ist, wie sie im 18. Jahrhundert Baumeister Hildebrandt und Abt Bessel vorschwebten. Der Einfall französischer und bayerischer Truppen stoppte einen weiteren Ausbau.

Wirtschaftliche Grundlage des Stiftes Göttweig ist heute die Forst- und Landwirtschaft, der Weinbau und der Tourismus – neben Stiftsführungen, Museum und Restaurant wird der Betriebszweig „Urlaub im Kloster“ immer wichtiger.

## Geschichte

1083 Gründung des Klosters durch Bischof Altmann von Passau; Augustinerorden

1091 Bischof Altmann stirbt; Grablege in der Krypta der Stiftskirche

1094 besiedeln Benediktiner aus St. Blasien im Schwarzwald das Kloster

1138–41 „Vita Altmanni“ verfasst

1401 Papst Bonifaz IX. erteilt dem Stift die Exemtion: Ausgliederung aus dem Diözesanverband und Unterstellung unter den hl. Stuhl)

1402–31 spätgotische Bauepoche unter Abt Petrus II.

1529 Abzug der Türken nach Belagerung des Stifts

### Ehrung eines geistlichen Geheimagenten

Die Kaiserstiege im Stift Göttweig wurde von Karl VI. persönlich nie betreten. Seine Tochter jedoch, Maria Theresia, erwies mit ihrem Gemahl Franz Stephan von Lothringen Abt Gottfried Bessel zu seinem goldenen Priesterjubiläum die Ehre (1746). Der Besuch war ein Zeichen der Hochachtung und Anerkennung für den bereits schwer erkrankten Abt, der sich von der Geiselnahme durch betrunkene französische Soldaten im Oktober 1741 nie mehr richtig erholte. Kaiserin Maria Theresia überreichte Bessel ein Brillantenpektorale (Brustkreuz) im Auftrag ihrer Mutter Elisabeth Christine. Damit honorierte diese nicht zuletzt Bessels Privatmissionen unter dem Decknamen Graf von Wolfstein in heiklen diplomatischen Angelegenheiten, die er im Auftrag des Kaiserhauses auf sich genommen hatte. (vgl. Lechner, Das Benediktinerstift Göttweig in der Wachau und seine Sammlungen, 1988)

Stift Göttweig: Kaiserstiege, vollendet 1739

1542 infolge der Reformation nur noch sechs Konventualen im Haus

1564 Michael Herrlich wird neuer Abt, gilt als zweiter Gründer

1580 Klosterbrand

1612–31 unter Abt Georg Falb Zurückdrängung des Protestantismus

1631–48 unter Abt David Gregor Corner erstes katholisches Gesangbuch in deutscher Sprache

1677 Kaiser Leopold I. und Eleonore besuchen das Stift auf der Rückfahrt von ihrer Hochzeit.

1689–1713 unter Abt Berthold Mayr Ausgestaltung des Stifts

### Das Napoleonzimmer

Schon in Grein wurde die Loge im Theater nach ihm benannt, obwohl noch nicht einmal mit Sicherheit belegt ist, dass Napoleon wirklich dort war. Im Stift Göttweig war er ganz bestimmt – und prompt wurde ein Zimmer nach dem französischen Feldherrn benannt. Dafür reichte ein kurzer Besuch des Kaisers, bei dem er am 8. September 1809 die auf dem Stiftsberg eingerichteten Befestigungen französischer Truppen inspizierte.

1714 Gottfried Bessel wird zum 50. Abt von Göttweig gewählt. Beginn einer Glanzzeit

1718 Klosterbrand

1719 Beginn der Errichtung der barocken Stiftsanlage nach Plänen von Johann Lucas von Hildebrandt (1668–1745)

1739 Vollendung des Kaisertrakts mit Kaiserstiege (Franz Anton Pilgram); Figurenausstattung der Kaiserstiege von Johann Schmidt (Vater des Kremser Schmidt); Deckenfresko: Paul Troger (1698–1762)

1741 Abt Bessel als Geisel der Franzosen, wird durch den kostbaren Papstkalender aus Gold, Edelsteinen und Email ausgelöst

1742 Brunnenobelisk des Steiner Bildhauers Johann Schmidt

1742 Kriegswirren verlangsamen den Baufortschritt, bis Stillstand eintritt; Stift in heutigem Zustand

1746 Kaiserin Maria Theresia, Franz von Lothringen und Erzherzog Karl Alexander beehren Abt Bessel zu seinem Goldenen Priesterjubiläum

1749 stirbt Abt Bessel

1750 Nachfolger Odilo Piazol legt den Grundstein beider Kirchtürme

1809 Napoleon I. in Göttweig

19. Jh. personeller Höchststand des Stiftes, bedeutende wissenschaftliche Tätigkeit

1939 Nationalsozialisten lösen das Stift Göttweig auf und enteignen den Besitz

bis 1945 Göttweig ist nationalsozialistische Lehranstalt (NAPEA), Umsiedlerlager für Bessarabier, Lager und Lazarett für Kriegsgefangene

1945 ab 15.8. mühsamer Wiederaufbau, beginnend unter Abt Hartmann Strohsacker

1973 Clemens Lashofer wird 64. Abt von Göttweig

1983 Jubiläumsausstellung „900 Jahre Stift Göttweig“

1997 Original-Vorlage „Bozetto“ für das Deckenfresko Paul Trogers wird bei einer Auktion in London ersteigert

Deckenfresko der Kaiserstiege von Paul Troger (1739) – eine Apotheose des goldenen Zeitalters Österreichs unter Karl VI.

Region: Wachau
Seehöhe: 449 m

Benediktinerstift Göttweig
A – 3511 Göttweig
Tel.: +43 (0)2732 85581-231
Fax: +43 (0)2732 85581-244
e-mail: tourismus@stiftgoettweig.at
Internet: www.stiftgoettweig.at

## Besonders sehenswert

**Benediktinerstift Göttweig** (gegr. 1083); Museum im Kaisertrakt mit monumentaler Kaiserstiege (Deckenfresko von Paul Troger), Fürsten- und Kaiserzimmern, jährliche Sonderausstellung;
geöffnet 21. März–15. November, täglich 10–18.00 Uhr (Kassaschluss 17.00 Uhr), Mai–September ab 9.00 Uhr

**Stiftskirche Mariä Himmelfahrt**

## Feste

Mai–September: Göttweiger Stiftskonzerte in geraden Jahren, am dem 8. August am nächsten liegenden Wochenende: Kloster-ProdukteMarkt
2. Adventssonntag: Adventsmarkt

## Kulinarisches

Stiftsrestaurant mit regionaler österreichischer Küche und weltweit prämierten Spitzenweinen aus dem stiftseigenen Weingut
„Original Göttweiger Benediktiner-Torte“

## ➤ Weiterfahrt

Göttweig–Atzenbrugg: 58 km; zurück Richtung Krems, auf der B 3 weiter Richtung Tulln, den Schildern nach Tulln folgen (B 3 verlassen), über Judenau nach Atzenbrugg.

Schloss Atzenbrugg, Schubert-Gedenkstätte und Museum

# ATZENBRUGG

Im Städtedreieck Tulln-St. Pölten-Krems liegt am Rande des Tullnerfeldes im Wienerwald die Marktgemeinde Atzenbrugg. In der Weinbaugemeinde sind viele „Heurige" anzutreffen, für die Gegend typische Weinlokale, in denen sich auch zünftig speisen lässt. Atzenbrugg ist aber auch ein niederösterreichisches Volkskulturzentrum. Seit 1998 hat die „Volkskultur Niederösterreich" ihren Hauptsitz im renovierten Seitentrakt des kleinen Schlosses Atzenbrugg. Hier finden im Festsaal laufend volksmusikalische Veranstaltungen im Rahmen der Reihe „Treffpunkt Volksmusik" statt.

Ein historischer Fund weist auf eine sehr frühe Besiedelung des Gebietes um Atzenbrugg hin. 1905 taucht in Atzenbrugg ein karolingisches Schwert auf, die „Spatha von Atzenbrugg". Für den Beginn des 12. Jahrhunderts ist hier eine Herrschaft belegt. Von dem Kuenringer Herren „Azzo" leitet der Ort vermutlich seinen Namen her.

Vor allem ist Atzenbrugg als „Schubertgemeinde" bekannt. Franz Schubert war unter mehreren bedeutenden Musikern, Malern und Dichtern die herausragende Persönlichkeit, die auf Schloss Atzenbrugg zu Gast war. Im Kreise der „Schubertianer" kam er in den Jahren 1820–1823 zur Sommerfrische nach Atzenbrugg, wohnte mit seinen Freunden im Schloss und verbrachte hier beim gemeinsamen Musizieren und geselliger Unterhaltung sorgenfreie Tage. Schuberts Aufenthalte in Atzenbrugg in den Jahren 1820 und 1821 sind durch Bilder Leopold Kupelwiesers belegt. Das Werk „Ballspiel in Atzenbrugg" von Moritz von Schwind ist erst 1823 entstanden. Auf diesem Bild ist Schubert eindeutig zu identifizieren.

Der Dichter Franz von Schober brachte Schubert nach Atzenbrugg. Schobers Onkel Josef Derffel war zu jener Zeit Dorfrichter und Verwalter des Schlosses, das zum Stift Klosterneuburg gehörte. Hier komponierte Franz Schubert im Juli 1821 die „Atzenbrugger Deutschen", sechs Tänze, die vermutlich für das gesellige Beisammensein oder nach einem solchen entstanden sind. Ob weitere Werke Schuberts in Atzenbrugg entstanden sind, ist fraglich. Möglicherweise hat der Komponist hier 1821 auch die Anfänge der Symphonie in E-Dur (D 759) konzipiert und 1822 eines seiner Lieder (D 756) geschrieben.

1977 ersteigerte die Marktgemeinde Atzenbrugg die Schlossruine, ein Jahr später gründete sich das Komitee zur „Rettung der Schubert-Gedenkstätte Schloss Atzenbrugg". Nach mühevollen Aufbaujahren wurde schließlich 1986 das Museum „Franz Schubert und sein Freundeskreis" im komplett renovierten Haupttrakt des Schlosses Atzenbrugg eröffnet.

Die neun Ausstellungsräume sind nach Schubert und seinen engeren Freunden benannt. Im Schubert-Saal finden heute – gut 150 Jahre nach dem Tod des Komponisten 1828 – die Atzenbrugger Schubertiaden mit prominenten Interpreten statt. Weitere Museumsräume sind unter anderem dem Maler Leopold Kupelwieser, dem ersten Schubertsänger Johann Michael Vogl oder dem bekannten Dichter Franz Grillparzer gewidmet. Insgesamt sind in dem Museum rund 250

Exponate zu sehen. Darunter befinden sich zahlreiche Erinnerungsstücke aus dem persönlichen Besitz der Nachfahren namhafter Freunde Franz Schuberts, was zur intimen Atmosphäre der Gedenkstätte beiträgt.

### Nicht Verehrer, sondern Freunde

„Der sogenannte Schubert-Kreis ist oft beschrieben und gewürdigt, oft aber auch verzeichnet und missverstanden worden. Besonders bemerkenswert an dem biographischen wie kulturhistorischen Phänomen, dass Franz Schubert für das, was er unter Lebensqualität verstand, und was für ihn Voraussetzung für künstlerisches Wirken war, einen Kreis von Freunden und Freundinnen benötigte, in dem er sich eingebettet fühlen konnte, ist nun die Beobachtung, dass in diesem Kreise schöpferische Persönlichkeiten aus dem Bereich der Musik, der Literatur und der bildenden Kunst dominierten. Es handelte sich weder um eine Gruppe von Verehrern, noch um eine Künstlerenklave, sondern hier haben sich schöngeistige junge Menschen mit schöpferischen oder nachschöpferischen Talenten bzw. mit interessierter Aufgeschlossenheit diesen gegenüber als Freunde gefunden."
(aus dem Klappentext von Otto Biba zu einer Benefiz-CD für die Schubert-Gedenkstätte Schloss Atzenbrugg)

## Geschichte

800 Besiedlung in Atzenbrugg belegt durch den Fund eines karolingischen Schwertes (1905)

12. Jh. erste Überlieferungen zum Bau des Schlosses Atzenbrugg; Beleg einer Herrschaft in dem Gebiet, möglicher Namensgeber: der Kuenringer Herr Azzo

nach 1190 Erwähnung einer Frau Gertraud von Azzenpruck

um 1313 Wappen der Herren von Azenbruck

1379 Landschloss Atzenbrugg gelangt in den Besitz des Stifts Klosterneuburg

1398 Erweiterung der Schlosskapelle, die der hl. Katharina geweiht wird

1683–86 Schloss erleidet große Schäden durch Türkenbelagerung

1746 weitere Restaurierung der Kapelle

1820–23 Franz Schubert mit Freunden auf Sommerfrische in Atzenbrugg

1821 Schubert komponiert die „Atzenbrugger Deutschen" (sechs Tänze)

1977 Marktgemeinde Atzenbrugg ersteigert die Schlossruine

1978 Gründung des Komitees zur „Rettung der Schubert-Gedenkstätte Schloss Atzenbrugg"

1982 Beginn der Restaurierungsarbeiten

1986 Eröffnung des Museums „Franz Schubert und sein Freundeskreis"

1992 Renovierung des denkmalgeschützten Alttraktes des Schlosses abgeschlossen

1998 Seitentrakt des Schlosses wird Hauptsitz der „Volkskultur Niederösterreich"

Schubert-Saal im Schloss Atzenbrugg

Region: Tullnerfeld-Wienerwald
Einwohner: 2800
Seehöhe: 185 m

Gemeindeamt Atzenbrugg
Wachauer Straße 5
A - 3452 Atzenbrugg
Tel.: +43 (0)2275 5234
Fax: +43 (0)2275 5234-19
e-mail: office@atzenbrugg.co.at
Internet: www.atzenbrugg.at

## Besonders sehenswert

Schloss Atzenbrugg: Schubert-Gedenkstätte und Museum „Franz Schubert und sein Freundeskreis";
geöffnet Ostern–26. Oktober, Sa, So und Feiertage 14–17.00 Uhr oder nach Voranmeldung

## Feste

Ende Mai–Juni und September an Samstagen, 15.00 Uhr: Schubertiade
Dezember, 1. Adventswochenende: Atzenbrugger Advent

## Sommersport

Radfahren (Franz-Schubert-Radweg)

## Kulinarisches

Atzenbrugger Heurige

## ➤ Weiterfahrt

Atzenbrugg–Klosterneuburg: 49 km; wieder nach Tulln, dort auf die B 14 nach Klosterneuburg.

Augustiner Chorherrenstift Klosterneuburg

# Klosterneuburg

Der letzte Ort und noch ein Höhepunkt der Österreichischen Romantikstraße: Klosterneuburg. Noch ein Stift, noch eine Legende. Am Tage ihrer Hochzeit sollen Markgraf Leopold III. und Markgräfin Agnes am Leopoldsberg gestanden haben, als der Wind den kostbaren Schleier der Braut davontrug. Ganze sieben Jahre später fand Leopold beim Jagen in den Donauauen den Schleier auf einem Busch. An diesem Ort soll der Legende nach eine Kirche gebaut worden sein, das heutige Stift Klosterneuburg.

Tatsächlich aber hat Leopold III. diesen Platz ganz bewusst ausgewählt, denn hier stand ursprünglich ein altes Römerlager. Leopold verlegte seinen Herrschaftssitz 1113 von Tulln hierher und gründete ein Jahr später das Kloster, zunächst für weltliche Kanoniker. 1133 übernahmen die Augustiner Chorherren das Stift, in deren Händen es bis heute liegt.

Das Stift Klosterneuburg entwickelte sich zum kunst- und kulturhistorisch bedeutendsten Ort der Mark Österreich, erlangte auch politisch großen Einfluss. Berühmtes Zeugnis dieser Blütezeit ist der Emailaltar des Goldschmieds Nikolaus von Verdun. Der Verduner Altar ist mit seinem präzise durchdachten ikonographischen Programm das weltweit größte, schönste und wichtigste Werk der mittelalterlichen Emailkunst, erschaffen in den Jahren 1171–81. Ursprünglich bildete das Meisterwerk die Verkleidung einer Kanzel. Erst nach dem großen Stiftsbrand 1330 wurde es zu einem Flügelaltar umgebaut.

1485 wurde Stiftsgründer Leopold offiziell heilig gesprochen, im 17. Jahrhundert Landespatron des damaligen Österreichs ob und unter der Enns. Der letzte posthume Karrieresprung gelang dem Babenberger Fürsten im Jahre 1956, als er offiziell zum Landespatron des heutigen Österreich ernannt wurde.

Von der Gegenreformation gestützt und nach der erfolgreichen Abwehr des Türkeneinfalls im 17. Jahrhundert, wurde das Stift Klosterneuburg zum Objekt barocker Baulust. Die großartigste aller barocken Klosteranlagen sollte in Klosterneuburg entstehen, zugleich Kloster und Kaiserpalast Karls VI. Das monumentale Bauvorhaben wurde nach zehn Jahren, mit dem Tod des Kaisers 1740, eingestellt. Dieser Umstand wiederum hatte zur Folge, dass in Klosterneuburg der mittelalterliche Trakt des Stifts – anders als beispielsweise in Melk oder Göttweig – bis heute erhalten ist. Erst in den Jahren 1834–1842 entstand der Klosterbau in seiner heutigen Form. Die Kaiserzimmer jedoch präsentieren sich genau in jenem Zustand, wie sie für Kaiser Karl VI. und seine Frau Elisabeth Christine konzipiert waren.

Sehenswürdig sind neben der Stiftskirche der Kreuzgang mit Leopoldskapelle, Marmorsaal und Kaiserstiege sowie das Stiftsmuseum. Nicht öffentlich zugänglich, jedoch erwähnenswert ist die Stiftsbibliothek. Sie ist mit über 250.000 Bänden und Handschriften die größte private Bibliothek Österreichs. Heute werden vom Stift Klosterneuburg aus 21 Pfarren betreut. Die wirtschaftlichen Säulen bilden heute zum einen der Wein – größter, privater Weinbaubetrieb Österreichs –, vor allem aber die Grund- und Häuserverwaltung sowie die Forstwirtschaft.

Im Zentrum Klosterneuburgs lohnt sich ein Abstecher in die kleinen Seitengassen der Stadt vor den Toren Wiens. Mittelalterliche Gebäudekomplexe, Bürgerhäuser mit spätgotischen Fenstergewänden, verwinkelte Torbögen und alte Handwerkerhäuser mit sehenswerten Fassaden gilt es zu entdecken.

Als Kontrapunkt zu den altehrwürdigen Mauern in Klosterneuburg ist die Stadt im Wienerwald auch Standort eines noch jungen Kunstzentrums, das in dieser Form einzigartig und höchst bemerkenswert ist. Die Sammlung Essl – Kunst der Gegenwart hat im November 1999 ihre Tore geöffnet. Die Sammlung des Ehepaares Agnes und Karlheinz Essl ist eine private Kunstinstitution von internationalem Rang, die bedeutendste Sammlung österreichischer Nachkriegs- und Gegenwartskunst. Über 4500 Werke heimischer aber auch internationaler Künstler sind auf großzügigen 3200 $m^2$(!) Ausstellungsfläche untergebracht, neben Malerei auch Skulpturen, Fotografien und Installationen. Das Ausstellungshaus selbst, das „Schömer-Haus", ist bereits den Besuch wert, angefangen vom lichtdurchfluteten Foyer über neun Meter hohe Räume bis hin zu der durch versetzte Hängewände gegliederten Ausstellungshalle.

Neben der Essl-Sammlung untermauern zehn weitere Museen den Ruf Klosterneuburgs als Kulturstadt. Das Stadtmuseum präsentiert Schätze zur Stadtgeschichte. Der mittelalterliche Weinkeller wurde in den Neubau integriert, genauso wie die exakt 1238 teilweise glasierten und ornamentierten Bodenfliesen aus der ersten Hälfte des 14. Jahrhunderts. Sie sind erst beim Bau des neuen Stadtmuseums zum Vorschein gekommen – ein europaweit einzigartiger archäologischer Fund.

## Geschichte

1300 v. Chr. Funde belegen Besiedelung des Gebiets um Klosterneuburg

um 50 n. Chr. Römer erbauen ein befestigtes Kastell zur Sicherung des Donauübergangs

3. Jh. unter Kaiser Probus erste Weinreben um Klosterneuburg angepflanzt

Ende 5. Jh. Abzug der Römer, Kastell verödet

9. Jh. Ursprung der Pfarrkirche St. Martin

### „Fasslrutschen" am Leopolditag

Um die Potenz des stiftlichen Weinbaus zu demonstrieren, wurde 1704 ein Riesenfass gebaut. Das Schaufass mit einem Füllvolumen von 56.000 Litern war bis zum Anfang des 19. Jahrhunderts in Gebrauch. Heute dient es zur Pflege eines vermutlich aus einem Gag entstandenen Brauches, des „Fasslrutschens". Jedes Jahr am Leopolditag (15. November) wird über das überdimensionale Fass gerutscht. Der Leopolditag stellt den festlichen Höhepunkt im Klosterneuburger Veranstaltungskalender dar. Das Fest wird jährlich mit religiösen Feiern und jahrmarktähnlichem Rummel begangen.

11. Jh. neue Besiedelung des Kastells – Name: „Nivvenburc" = Neuburg

1113 Markgraf Leopold III. verlegt seine Residenz nach Klosterneuburg

1114 Leopold gründet das Stift für weltliche Kanoniker

1130 siebenarmiger Bronzeleuchter entsteht

1133 Umwandlung in ein Kloster für Augustiner Chorherren

1181 Fertigstellung des Emailaltars von Nikolaus von Verdun

Verduner Altar (1181) im Stift Klosterneuburg

1212 Neuburg breitet sich bis zum heutigen Korneuburg aus

um 1250 Errichtung des Kreuzganges

1298 Trennung von Neuburg und Korneuburg durch Herzog Albrecht I.; aus Neuburg klosterhalben („neunburch chlosterhalben") wird später Klosterneuburg

1330 großer Stiftsbrand, Verduner Altar wird zum Flügelaltar umgebaut; West- und Nordflügel in gotischer Form errichtet

1485 Heiligsprechung Leopolds

1529 Abwehr des Türkeneinfalls

16. Jh. Niedergang während der Reformation

17. Jh. Blüte nach der Gegenreformation

1616 Stift wird Aufbewahrungsort der Landeskrone, des Österreichischen Erzherzogshuts, gestiftet von Erzherzog Maximilian III.

1642 Festorgel der Stiftskirche durch Johann Freundt errichtet

1670 Stiftskeller erbaut

1677–78 Umbau des Leopold-Grabes zur Leopoldskapelle

1683 neuerliche Abwehr der Türken

17. Jh. Leopold wird offizieller Landespatron Österreichs ob und unter der Enns

1704 Bau des 56.000-Liter-Fasses (heute „Fasslrutschen" am Leopoldifest)

1730 Baubeginn der monumental geplanten barocken Klosteranlage unter Kaiser Karl VI.

1740 Tod Kaiser Karls VI., Einstellung des Bauvorhabens

1786 Stift kauft Leopoldsberg samt Kirche und Wald

1834–42 Kloster erhält seine heutige Form (Kaisertrakt)

1938 Klosterneuburg wird 26. Wiener Gemeindebezirk

1941 Stift wird aufgelöst, die Chorherren werden vertrieben

1944 Hinrichtung des Widerstandskämpfers Chorherr Roman Scholz

nach 1945 Wiederbesiedelung des Klosters, Beginn des Wiederaufbaus

1954 Klosterneuburg wird wieder Stadt mit eigener Verwaltung

1956 Leopold wird Landespatron von ganz Österreich

1999 Eröffnung der Sammlung Essl in Klosterneuburg

Von erfrischend-pikant bis elegant-süß

Granny Smith, Golden Delicious, Gloster, Jonagold, Elstar, McIntosch. Was nach internationalen Firmen- oder Markennamen klingt, sind in Wirklichkeit Apfelsorten. Und zwar jene, die im größten Apfelgarten Österreichs gedeihen, dem Obstgarten Donautal. In dem stiftseigenen Obstgarten reift unter den vorzüglichen Bedingungen des Donau-Schwemmlands die runde Frucht. Kaum geerntet, werden die Äpfel gepresst und zu hochwertigen Säften verarbeitet. Erfrischend-pikant, zart-säuerlich, früh gereift-blumig, elegant-süß – bei den Geschmacksbezeichnungen steht der Apfelsaft dem Wein in nichts nach.

Region: Wienerwald-Donautal
Einwohner: 32000
Seehöhe: 192 m

Tourismusverein Klosterneuburg
Niedermarkt 4
A – 3402 Klosterneuburg
Tel.: +43 (0)2243 34396
Fax: +43 (0)2243 26773
e-mail: tourismus@klosterneuburg.com
Internet: www.klosterneuburg.net/Tourismus

## Besonders sehenswert

**Augustiner Chorherrenstift Klosterneuburg** mit „Verduner Altar", Kaisersäle und Sammlung mittelalterlicher Malerei; ganzjährig geöffnet,
Führungen Mo–Sa 9–16.30 Uhr,
So und Feiertag: 11–16.30 Uhr,
Sonderausstellungen Mai–November

**Sammlung Essl – Kunst der Gegenwart:** bedeutendste Sammlung österreichischer (und internationaler) Gegenwartkunst; ganzjährig geöffnet Di–So, 10–19.00 Uhr, Mi 10–21.00 Uhr

**Stadtmuseum Klosterneuburg;**
geöffnet Di 8–12.00 Uhr und 18–20.00 Uhr, Sa 14–18.00 Uhr, So und Feiertag: 10–18.00 Uhr

Der hl. Leopold, Gründer des Stiftes Klosterneuburg, Landespatron Österreichs

Sammlung Essl –
Kunst der Gegenwart

## Feste

Fronleichnam (Juni): Jahrmarkt
Juli–August: Operklosterneuburg
November: Leopoldifest

## Sommersport

Mountainbiken (Wienerwald), Radfahren (Donauradweg), Reiten, Schwimmen, Tennis

## Wintersport

Eislaufen, Langlaufen

## Kulinarisches

Wein, Apfelsäfte, Wiener Küche

## ➤ Weiterfahrt

Klosterneuburg–Wien: 10 km; weiter auf der B 14 Richtung Südosten in Österreichs Hauptstadt.

# Literaturauswahl


Arco-Zinneberg, Ulrich Graf (2000), Schloss Schallaburg bei Melk. Ein Kleinod der Renaissance. Marbach: Edition Arco.

Augustin, Carola und Andreas (1993), Die Österreichische Romantikstraße. Wien: Treasury Publishing.

Bodenstein, Toni (1996), Vinea Wachau Nobilis Districtus. Bad Vöslau: Grasl.

Bruckbauer, Otti/Steiner, Christine/Hammerschmied, Renate (2000), Historisches Steyr. Korneuburg: Kunstverlag Gottfried Rennhofer.

Christliche Kunststätten Österreichs (1969), Nr. 58: Mondsee/Oberösterreich. Salzburg: Verlag St. Peter.

Christliche Kunststätten Österreichs (1996), Nr. 300: Grein/Oberösterreich. Salzburg: Verlag St. Peter.

Feichtinger, Leopold (1982), Kulturgüter in Scharnstein. Gmunden: Salzkammergut-Druckerei.

Ellegast, Burkhard/Bruckmüller, Ernst/Rotheneder, Martin (1998), Stift Melk. Melk: Eigenverlag des Stiftes Melk.

Heitzmann, Wolfgang (2000), Der Themenweg in Bad Goisern. In: Marktgemeindeamt und Kurverband Bad Goisern (Hg.). Gröbming: Wallig.

Himar, Ernst (1992), Schubert-Gedenkstätte Schloss Atzenbrugg. Museum Franz Schubert und sein Freundeskreis. Tutzing: Hans Schneider.

Katzinger, Willibald/Ebner, Johannes/Ruprechtsberger, Erwin M. (1996), Geschichte von Enns. Linz: Friedrich.

Kneifel, Gottfried (1988), Mein Enns. Landesverlag

Komarek, Alfred (2000), Geheimnisvolles Traunkirchen. Traunkirchen: Heizendorfer.

Lechner, Gregor Martin OSB (1988), Das Benediktinerstift Göttweig in der Wachau und seine Sammlungen. München/Zürich: Schnell & Steiner.

Lehr, Rudolf/Neumann, Dieter (1995), Bad Ischl und die Habsburger. Bad Ischl: Wimmer.

Loinig, Hans (1992), Benediktinerstift Kremsmünster. Innsbruck: Alpina Offset.

Pezold, Clodt Dankward von (1987)), Schloss Greinburg – Die Coburger Zimmer. Bozen: Verlagsanstalt Athesia.

Pfarl, Peter (1997), Pfarr- und Wallfahrtskirche St. Wolfgang. Ried im Innkreis: Kunstverlag Hofstetter.

Rüttnauer, Gabriele (1995), Wachau. München: Polyglott

Schöner, Erich (1972), Geschichte des Marktes Spitz an der Donau. Spitz: Verlag der Marktgemeinde.

Tourismusverband Steyr (Hg.) (2000), Christkindlstadt in aller Vielfalt. Steyr: Gutenberg

Weichselbaum, Josef (1995), Maria Taferl. Schnell, Kunstführer Nr. 694. Regensburg: Schnell & Steiner.

# Weitere Titel aus unserem Verlagsprogramm

## Reisezeit – Zeitreise

**zu den schönsten Schlössern, Burgen, Gärten, Klöstern und Römerbauten in Deutschland.**

2. erw. Aufl. 2000 m. 256 Seiten,
440 Farbabb., 10 Karten, 21 x 28 cm, HC

ISBN 3-7954-1314-1
DM 24,80/ ÖS 181,-/ SFr 23,-

*„... Material zum Schwelgen, nicht nur für die eigene Reiseplanung, sondern auch als Geschenk bestens geeignet.“*
Die Zeit

Otto Beck / Ingeborg Maria Buck

## Oberschwäbische Barockstraße

**Reisebegleiter und Künstlerverzeichnis**

Großer Kunstführer Nr. 148
6. Aufl. 1997 m. 128 Seiten, 79 Farbabb.,
31 s/w-Abb., 17 x 24 cm, SC

ISBN 3-7954-1124-6
DM 28,-/ ÖS 204,-/ SFr 26,-

*Erfahren Sie mit diesem Kunst-Reisebuch die Perlen der Oberschwäbischen Barockstraße in vier Rundstrecken.*

Carlheinz Gräter

## Die Romantische Straße vom Main bis zu den Alpen

**Offizieller Kunstreise-Begleiter der Touristikgemeinschaft Romantische Straße**

Großer Kunstführer Nr. 189
1. Aufl. 1995 m. 96 Seiten, 94 Farbabb., 2 s/w-Abb.,
1 Übersichtskarte, 17 x 24 cm, SC

ISBN 3-7954-1051-7
DM 19,80/ ÖS 145,-/ SFr 19,-

Klemens Unger (Hrsg.)

## Rottaler Bäderdreieck

**Kultur an Rott und Inn**

1. Aufl. 2000 m. 88 Seiten, 75 Farbabb.
und Karten, 15 x 15 cm, HC

ISBN 3-7954-1308-7
DM 9,80,-/ ÖS 72,-/ SFr 9,80

Verlag Schnell & Steiner GmbH, Leibnizstraße 13, 93055 Regensburg,
Telefon: + 49 (09 41) 7 87 85-0, Telefax: + 49 (09 41) 7 87 85-16, E-mail: susvertrieb@t-online.de